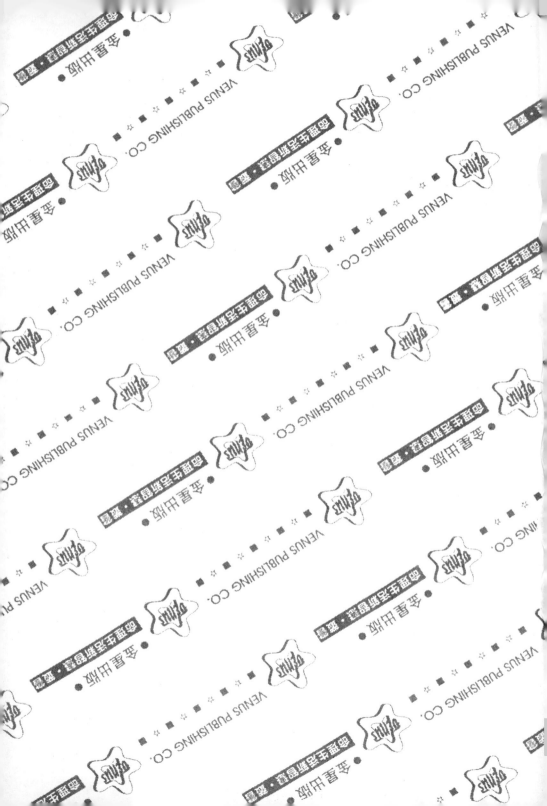

命理生活新智慧・叢書　42-1

如何觀命、解命

《全新修訂版》

金星出版社 http://www.venusco555.com
E-mail: venusco555@163.com
venusco@pchome.com.tw
法 雲 居 士 http://www.fayin777.com
E-mail: fayin777@163.com
fatevenus@yahoo.com.tw

法雲居士⊙著

金星出版

國家圖書館出版品預行編目資料

如何觀命、解命／
法雲居士著， --臺北市：
金星出版：紅螞蟻總經銷，
2011年5月 修訂一版； 冊 ；公分—
（命理生活新智慧叢書；42-1）

ISBN 978-986-6441-41-7（平裝）

1.命書 2.改運法

293.1 100004217

如何觀命、解命《修訂一版》

作　　者：法雲居士
發 行 人：袁光明
社　　長：袁光明
編　　輯：王璟琪
總 經 理：袁玉成
地　　址：台北市南京東路三段201號3樓
電　　話：886-2-25630620，886-2-23626655
傳　　真：886-23652425
郵政劃撥：18912942金星出版社帳戶
總 經 銷：紅螞蟻圖書有限公司
地　　址：台北市內湖區舊宗路二段121巷19號
電　　話：(02)27953656(代表號)
網　　址：http://www.venusco555.com
E-mail：venusco555@163.com
venusco@pchome.com.tw
法雲居士網址：http://www.fayin777.com
E-mail：fayin777@163.com
fatevenus@yahoo.com.tw

版　　次：2011年5月　修訂一版　2021年03月加印
登 記 證：行政院新聞局局版北市業字第653號
法律顧問：郭啟疆律師
定　　價：350元

行政院新聞局局版北字業字第 653 號

ISBN：978-986-6441-41-7（平裝）

序

近來常有一些朋友在來算命的時候，提出一些奇怪的見解。而且他說這是看我的書知道的。這讓我非常訝異！我從來不會把命理如此解釋，立刻請他提出證據，請他提出是那一本書中，我曾如此說過？接著他又很尷尬的說：他不記得了，也很可能是從別人的書上看到的吧！

這種起先理直氣壯，自以為是自己很懂，又假藉是老師的理論，直問他，他又說不出所以然來的人很多。其實真正的原因很簡單！一本書大家看，每個人用自己的心眼來看，最後看出來的讀書結果和理論觀念就各自不同了。這常讓我覺得痛苦，又覺得啼笑皆非。

這種狀況也和數年前我遇到一位年紀不小的讀者，一見面就告訴我：『老師，你的書寫錯了！』結果我陪她唸了好幾遍那段文字，她才把字句給唸通順了。這些狀況是一而再，再而三泐發生。當然書中有錯字或掉字的狀況是可能發生的，那是因為編輯在校稿時有些粗心。但若說有理念和觀念的錯誤，就茲事體大，是不容發生的了。這一點我是非常非常注意的。

如何觀命・解命

有一些朋友非常聰明、機伶，舉一反三的能力特別強，常把我書中字句的意義引伸、延伸至無遠弗屆的地方。有些是引伸到對他自己有利，解釋起來，會使他的命很好的地方。有些則把字義引伸到讓他自己細手細腳的地方。這些狀況都讓我驚訝莫名！我只是擔心，這些聰明、伶俐的朋友們，是否真的看懂了自己的命盤？又看懂了多少呢？

常常也有些來學習命理的學員們，一開始便告訴我！他是具有某些程度的。因為他已經會跟著我的書上來排命盤了，也會根據我的書上對星曜或六親宮、六事宮逐一抄下解釋，也可算是會算命了。依據這樣的程度，也是讓我啼笑皆非的。

因為真正會算命，並不是如此麻煩的。倘若你算命時，沒有了星曜解釋的書本，你是否仍能快速的解讀命盤中所顯示的資料呢！

所以真正會算命的人，便是一看到一個命盤，馬上可從此命盤上描述出此人的長相、身材、高度，身體有沒有殘障，或臉上、身上有無特殊的痣斑、記號等。還有知識水準，斯文還是粗魯，人性善惡、人緣好壞、讀

如何觀命・解命

書讀得好不好？工作能力強不強？智慧的層級，未來有什麼發展？他的生活層次是什麼？其他有關傷災、病痛、大運的運行順利與否，都是影響人一生的財祿問題的關鍵。當然更重要的，就是此人的觀念問題，也是決定此人一生財祿的掌舵方向。並且你也立即可看出此人命盤中所顯示此人的能力是什麼？以及命格、性格缺點是什麼？要如何彌補、增強及改善的？

一個人的一輩子喜怒哀樂，盡在這小小一方紙上的命盤之中了。只要你能夠觀命、解命，馬上能夠立即道出此人洋洋灑灑的一生經歷出來，這是不必要再翻書來一點一滴的查證的。也無法做模稜兩可的解釋的。倘若你能放下書本就能觀命、解命，就表示你真正的是能算命了。

試想想，有一位醫生一面為你看病，卻又一面在翻書、查症狀，你是否真的能相信這位醫生能把你的病看得好，治得好呢？

『如何觀命、解命』這本書是我近來對讀者、學員有感而發所寫的一本書。為何是『如何觀命、解命』？不是應該說『如何批命』嗎？

『批命』是一般命理師對一個人命格和運程做出榮枯貴賤、旺弱起伏評定的時候來做的論定，彷彿老師替學生改考卷，有打分數的味道。又彷彿有『蓋棺論定』的味道。

每個人看自己的命，就不需要打分數了。觀看自己的命盤，解釋自己的命盤也是論命的基本做法。所以我把這本書名叫『如何觀命？解命？』也就是說這是一本寫給自以為會排命盤就是有點程度的人來看的。同時我也要點醒某些人在觀念上的差異，不要再擅自引伸、延伸某些星曜的意義。自作聰明的結果，命也算不準了。自以為自己所具有的某些命理程度，實際上就是阻礙你前進，探究更深、更玄奧真理的絆腳石。這是非常可惜的事。願與讀者共勉之。

法雲居士　謹記

命理生活叢書 42-1《修訂一版》

如何觀命・解命

目錄

前言　爲何不說『批命』——而要說『觀命』、『解命』／009
第一章　觀命要分兩大部份來講／021
第二章　『夫、福』二宮好的人，暗藏潛能在家庭運中／027
第一節　『命中有財』的實際狀況／029
第二節　命中有『刑財格局』的狀況／035
第三章　財星化忌或化忌影響財的情形／057
第四章　『權忌相逢』、『祿忌相逢』的問題／073

如何觀命・解命

第五章　『四化飛星』和『玄空四化』的理論是無根據的理論／077
第六章　如何從觀命過程中找出人的暗藏潛能／089
第七章　『刑財』格局在各宮對人的影響／125
第八章　『造運』和『刑運』的格局對人生所產生的影響／161
第一節　什麼是『造運』？又如何『造運』／164
第二節　『刑運』格局對人生的影響／183
第九章　『刑印』格局在人生中的影響／205
第十章　羊陀也各有妙處／211
第十一章　『陽梁昌祿』格對人生的影響／231
第十二章　觀命、解命之總論／239

前言

為什麼不說『批命』——而要說『觀命』、『解命』？

以前的算命師論命，和早期書籍上談到論命，多半稱之為『批命』。『批命』就是決斷一個人一生的成就、功過或悔吝，並且加之批判定奪貴賤貧弱的意思。

現今我們不論是給自己算命，或是替朋友、家人來算命，既不是要來蓋棺論定，也不是想要給某人蓋上富貴貧賤或能力好壞的印戳記號。而是要從此人的命盤、命理格局中找到此人可發揮的潛能特質，現在我們算命，是為

如何觀命・解命

了自己要走更長遠的路，以及鼓勵別人走更遠的路。要在未來的路途中預測觀察出是否是順利？還是有些顛簸？找出要怎麼走才會順利的方法及好的頻率軌道出來。所以現今我們算命，是積極的開發活人的潛能氣質，達到使人生圓滿和諧，走上康莊大道的企機的方法。而以前的人來批命，是把活人當死人來批判，一籤定江山。說到要預卜未來的功能，也是比較微小的了。這就是現今命理學上的發展和古代命理學發展的不同。同時這也是『批命』和『觀命』、『解命』的不同點了。

再則，我們觀看的是現在此刻自己的命理局勢。自己總不會批判自己吧！自己還要替自己找出活命養生的好方法出來，這也是我們不能替自己批命，也不能替朋友、家人批命的原因。因此我們也只有觀命和解命了。

什麼是『觀命』？又如何『觀命』？

『觀命』就是觀看命盤。如何看？當然是首先要從『命、財、官』三個宮位看起。其次再看『夫、遷、福』這三個宮位。其實從『命、財、官』三個宮位中，我們已看到這個人原本的性格上的基本型態了。他是不是聰明？是不是會努力奮發？是不是把自己的聰明、能力和力氣運用順暢，掌握在一條順直的道路上？

第二個觀看命盤的重點，就是看『夫、遷、福』，這是看我們在經過外表環境的影響之後，我們內心會產生出什麼樣應對的智慧能力出來？

第三個觀看命盤的要點，就是看『父、子、僕』這三個宮位中，先天性家族力量和外緣關係對我們的影響力了。這到底是助力？還是阻力？

第四個觀看命盤的階段，才到了『兄、疾、田』這三個宮位，這是遺傳基因加上一切有利與不利的因素，所促使我們得到某些結果的一個總結。

如何從『觀命』找出潛能與癥結

我們從觀命的過程中，可找到一切有關這個生命的天然優質潛能，也會發現生命中也有一些癥結所在，優質的潛能包括了人天生的敏感力、天生的智慧層次、天生的情緒控制方面的層次，以及天生的願意付出、心力、勞力的意願層次。

天生的敏感力包括了：一、對金錢的敏感力。二、對好運、吉凶的敏感力。三、對感情和人際關係上的敏感力。

天生的智慧層次包括了思想的邏輯性，以及計算能力，還有能把事情圓滿達成的策劃、謀略上的能力。

天生情緒控制方面的層次包括了道德規範的遵守、與人合作的精神、以及穩重的忍耐力，以及完成事務達到成功的堅持力量。

天生願意付出心力、勞力的層次包括了內心對某些事物的喜好程度，並且能擇善固執的堅持力量。

看起來要找出一個人的優質潛能好像很複雜，其實一點也不難。這些都是由命盤上的『命、財、官』及『夫、遷、福』和身宮中所透露出來的訊息的。所以我們可以一目了然的瞭解這些潛能所展現的小細節。

命理走向決定人生架構

另外，『觀命』還要觀看這個人一生的命理走向。什麼是命理走向呢？也就是要看此人在一生中的人生際遇裡，是應該追求富貴？還是應該追求家庭幸福、平順和諧的生活的？這怎麼說呢？不是所有的人都在追求富貴嗎？這又有什麼不同呢？

這當然不同？而且並不是人人都可能追求富貴而能得到富貴的。例如說『命、財、官』、『夫、遷、福』中有天空、地劫，又倒如說『財、官』二位，及遷移宮、福德宮中有擎羊、化忌星，會造成人一生錢財不順。財富享受少的人，追求富貴就像天上浮雲一般，非常不容易，也會遙不可及。通常這樣命格的人，會有比較好的家庭運。他們的父母宮、夫妻宮、兄弟宮、子女宮等六親宮比較好。因此這個人就是在人生運程和命程中，應該多發展及多努力在家庭和諧與幸福上。平順的家庭幸福也會給他帶來財祿，我們常看到一些『機月同梁』格的人，像太陰坐命、天機坐命、天同坐命、天梁坐命，多半屬於這種性格溫和，家庭幸福為重的人生歷程的人。而殺、破、狼坐命的人，則多半是向外發展，容易六親無靠，性格強勢、頑固，喜歡追求富貴不遺餘力的人。

不過，有一部份『殺、破、狼』命格的人，也因為賺錢的能力不佳，倘若有好一點的夫妻宮，也會轉向以追求家庭幸福為人生重點。但是這些人常會搞不清楚方向，還一昧頑固的在外爭奪。爭也爭不到，奪也奪不到之際，而浪費了人生中的黃金時間。

其實在所有的人的人生歷程，皆可分為兩大主流。一種就是『主富』的人生，一種就是『主貴』的人生。

凡是在命局中『命、財、官』、『夫、遷、福』中沒有財星、祿星，或是財星、祿星被刑星（擎羊）、煞星（羊、陀、火、鈴、化忌、劫空）所刑煞剋破的命格，賺錢、存錢不太容易，沒辦法大富的人，我們就要替他找出在命格中有沒有『陽梁昌祿』格來解救。有『陽梁昌祿』格的人，就可以靠讀書、考試、升等，來一步一步的向上爬，也能賺到可使自己平順富貴的生活所需了，這就是『主貴』的方法和『主貴』的人生。

倘若在人的命局中既沒有財星、祿星，或是『刑財』的格局，又是沒有『陽梁昌祿』格局的人，就是一般小市民的命格。一生中所能追求的，也只是溫飽和家庭平順和諧的人生目標了。若是連這一點也弄不清楚，又執意製造家庭是非、六親不和，那此人就是真正沒有用的人，這就是命理上所統稱的『無用之人』。

第二個部份，來講『解命』

『解命』就是瞭解命運的趨動程式，以及解開命運、命程中的疑難雜症。

如何瞭解命運的趨動程式？就是要瞭解這個人的命程、運程是怎麼樣的一個走向的問題。有的人命局並不算好，財星、祿星都在閒宮，不在『命、財、官、遷、福』上，但是他走的運程好，一生中的大運都走在有祿星、財星和居旺的吉星多的運程上，因此也能一生平順享福。有的人是小時很苦，中年以後才開運、發運。有的人是幼年運好，老年運差。有的人是中年運很低落，影響了一生財富的聚集。每個人一生命運的起伏升降皆不相同。因此這個命運的趨動程式是影響關係到一個人一生的成敗關鍵的著力點，也是我們無法將之置之不理的。

如何觀命・解命

『如何解開命程、命運中的疑難雜症』？實則就是我們的論命中最主要、最重要的工作了。

每個人來算命，就是想知道許多的為什麼？為什麼沒有錢？為什麼感情不順？為什麼家庭中多是非？為什麼朋友無義、兄弟無情？為什麼別人欠錢不還？為什麼父母不愛我？為什麼子女難管教？為什麼結不了婚？為什麼工作找不到？為什麼夫妻像仇人？為什麼身體不好？要開刀、要跑醫院？為什麼發了財，最後又欠債？為什麼升不了官？

這一連串的『為什麼？』就是人生中的疑難雜症，『算命』就是要解開這些疑難雜症的原因，以及根本解決的方法。要是你能一針見血的觀透命運的玄機，並提出根本解決之道，那你就能成為人生的導師！你也真正能成為一個好的、愛人敬重的算命先生了！

如何觀命・解命

智慧和不斷的學習能達成解命的工作

事實上，從『觀命』到『解命』的過程中，是需要運用許多智慧的。而這些智慧也是需要我們不斷學習的。

這些人生智慧包括了為什麼這個人會有這樣的思想？他又是因為什麼樣的脈絡形成如此的想法的？我們要如何幫助他達到他人生的目標？

當然！你自己若算的是自己的命，或家人、朋友的命，你就必須具有非常多的人生歷練和人生累積成的智慧，才能幫自己或家人、朋友來排紛解難了。

首先，你就要本身具有思想上的邏輯性，擁有分析事理，對於是非黑白、曲直、明察秋毫的觀念性的智識能力。其次還要具有觀察的能力，不論是對你服務算命的對象來觀察他的潛在能力，或是對社會變遷，大環境中的經濟景氣、生活狀況，以及約定俗成的一些規則、規範等等都要有觀察和瞭解，這樣你才能給被論命者一個良好的建議，如此你才能真正幫助被論命者。也

如何觀命・解命

如此你才能做好這個『解命』的工作。

因此，要算命，大家都會算！大家都能說出命盤中各個宮位的關係與好壞出來，只是程度不同而已。但是真正要把命來『看好』，『看真確』要能解開命局及命運的癥結，要把人的潛力激發，再教他如何運用，使他走向屬於他自己內心嚮往的康莊大道，就不是一件容易的事了。

以前，有一些父母帶了自己不喜歡唸書、讀書讀不好的小孩來找我算命，回去以後，這些小孩都大有精進。讓這些父母大為驚訝。其實原因很簡單，就是我為這些小孩找出他們隱藏的潛能，點明之後，好好鼓勵他。一些命格中具有『陽梁昌祿』格的小孩，讀書讀不好，是因為他自己不知道自己有優質的唸書潛能，他們可能因一時的運氣不好，而心裡茫茫然覺得唸書苦而不想唸書。縱然是沒有『陽梁昌祿』格的小孩，我也一樣可以找出他生命中其他的潛能。例如有『武貪格』或有『機月同梁』格的人，或是人生中有某段運程是大好運程的人，這些都可以成為我們鼓勵其向上的基本潛能。

有一些小孩是因為父母對他們根本不瞭解，所採用的鼓勵方式又是適得

如何觀命・解命

其反的方法，再加上講話的方式與技巧不好。當然，再哄、再罵、再打，也是不奏效的了。

這些方法用在成人身上，也是非常有效的。許多人在運氣不好的時候，或是命理格局不強，或是一些空宮坐命的人，往往也是一直在茫茫然摸索中過日子，找不到自己可努力的方向。也不知要在何處、何時使力。真如在迷霧中匍匐前進一般。自己難過，家人、朋友看到也難過。這時，就需要一個明智的人，用屬於這個人思想脈絡的語言程式來協助他發現他自己的潛能，而且給這項潛能激發點火，使潛能發生作用，活動起來。自然這個人就得救了。算命的最大、最後的功能就是在於此了。

第一章 我們要從基本的生命觀察家做起

我們研究命理的人，通常是一個生活的觀察家，也是生命的研究員。一個真正喜愛命理研究的人，也一定是一個熱愛生命、關心周遭人生活的監視員。監視什麼呢？不是監視別人有多少財，來據為己有。而是監視周遭的人在生命歷程的起伏，把所發生的重大事件做一個紀錄，來和自己原先學到的命理知識相印證。不停的修正自己命理的知識，增高自己在命理方面的功力，以便服務更多的人。這個監視的工作，就彷彿看管森林的研究員，在每日觀察森林中每一株樹苗和大樹一般，隨時找出有病蟲害或生命力不強的樹種，加以治療和記錄一般。這也像溪流和管理水庫的管理員或研究員，隨時注意水質變化和周遭的生態循環的變化，加以預防和整治，使河流和水庫不要生病。所以每一個研究命理的人，在你走上研究命理之途時，實際上你已肩負

如何觀命、解命

起極偉大的任務了。你肩負起像森林或溪流的管理員及研究員一般的研究及預防生態平衡循環的變化，所不同的，你研究的對象是人。而他們研究的是樹或菌種、水質而已，只是對象不同，功能卻是一樣的。

森林研究管理員的任務是造林計劃，要使森林蓬勃發展，就要創造開發森林更多的資源。溪流、水庫的管理員，也是肩負開發創造溪流和水庫的保護與資源應用。在人的方面談到開發、創造資源就是要找出其人在人生命運中暗藏的生命潛能。能夠在年青一點的時候就明瞭自己生命潛能，又能發揮應用的人，就能掌握好的人生。懵懵懂懂無法清晰得知自己生命潛能，又根本沒應用的人，自然在人生中得財較少，和別人相比較時，希望過大，失望也大。總是覺得不順，也找不出方法來改進，心灰意懶，提不起勁來，就越往下沈淪了。所以如能找出此人的生命特質上暗藏的潛能，就能振奮人心，提高他的自信心，激發他的向上鬥志，如此一來便能解救一個沈淪的生命，同時也能為此人找到財，解決了他人生中原以為命中注定棘手的問題。

算命師不可用自己固執、自私的觀點來論斷別人要有客觀、慷慨的善心爲人服務

在我替人算命的過程中，常遇到一些現象。有一些朋友把他以前請別的算命師幫忙取的名字拿給我看，或是有些父母拿小孩的生辰八字給我論命，並言道此八字是請別的算命師代尋的生產日期，有些當然是不錯的，但某些名字或八字也常讓我驚訝異常，為什麼呢？

因為我很驚訝的發現，某些名字和八字居然是非常不利於當事人的。就像某些人命中原已有刑財的格局，財本來就少了，得財不易，而代為取名的算命師又幫他找了更無財的名字，這個人自然就辛苦異常，與財離得更遠。一天到晚算命，也算不出錢來。帶財、帶官的字本來就少，還要根據喜用神的五行分類來選取應用，純屬不易。但無論如何，算命師必須本著拿人錢財，忠人其事的良心態度來斟酌選用。就算選不到最好的，至少也要在次佳帶財的等級上，絕不可選絲毫不帶財，或與其人喜用神相違背的字來承受不住，

乾脆名如其命，倒也貼切。

有些父母幫小孩選出生日期也遇到這樣的事，選到一些忌星、羊陀、刑剋之星坐命，或空宮坐命，命格不強的八字生辰。小孩生出來了，已無法改變，十分氣憤。據我所知，有些算命師會自由心證，他會看來找他代選八字生辰者的父母親，觀察其家境如何，對於某些家世背景不強的，或是較不富有的父母，就認為反正你們家的經濟能力不是很好，生這樣的小孩，剛好符合你們的家世背景，而擅自做主選定了。不懂命理學的父母也不知情，還高興的捧定生辰八字回去照章實行，等發現問題時，已來不及了。

有些父母也精明，會請好幾個命相師來會診同一個八字生辰，這樣也就萬無一失了。但所花費的錢較多，並不是很多父母能承受的。

有些父母雖請命相師代尋生產日期，但總是自作聰明，錯過了選到的好時間、好時辰，而使八字有差。倘若你不是要用剖腹生產，是自然生產，就無法選擇生產時間，因為自然生產的時間是不能控制的，有些產婦打了催生針，卻又拖了七、八個小時，選了也沒用，只是白花錢。倘若你沒有和醫生溝通好，或是醫生根本無法或不願和你配合生產時間，算了也沒用。倘若你自覺運氣很好，最近家運興盛，夫婦倆財運順利，工作順利，每天過得很開心，表示你的運氣很好，你也根本沒必要選時辰生產了，因為小寶寶自己會找最適合他，最好的生產時間出生，也會給自己決定最好的命格來出生，享受到自己的福氣。

所以要選擇剖腹產時間的父母，應該是對自己運氣沒把握，和不小心懷孕了，擔心生出財窮小孩的父母，亦或是堅持要生出優良品種、優質人類小孩的父母。

前面那幾種固執己見的算命師心態是可議的，說真的，你會遇到此種算命師也真的是運氣不好了。事實上，做算命師的人的職業道德是無法也不能替人做這樣不好的決定的。就算你替別人的子女選到了最多財、最好運的命格，也會依其父母家世的背景，在人生的起跑點上也會有所高低不一樣。倘若再為當事人的子女選到命不強、財少的命格，豈不是小孩的起跑點的層次更低，害人不淺了嗎？

所以我一向建議大家，自己多少懂一點命理知識，至少知道分解好壞，這樣就不會凡事受制於人，受騙上當，而自己也能更有信心的趨吉避凶了。

第二章　觀命要分兩大部份來講

前面在前言中已經提及，『觀命』就是觀看命盤，也是觀看人之命運和命理結構。通常人去算命，一定是急著要知道命好不好？有沒有能力和辦法度過瓶頸和難關？

在來算命者的問題中，通常包括了，正負兩方張力的問題。一種是要知道命好不好、夠不夠強勢、能不能抵擋難關和災禍？這是正面的張力。另一方面則是運程的波折和災禍的頻至，所導至負面的張力，這兩種正負張力是相互拉扯的。也就是此消彼長，此長彼消的狀況。當人命勢強、運勢強的時候，是不畏懼災禍降臨的。當人命勢弱、運蹇不順的時候，災禍特別多，人也特別害怕災禍降臨。有時候也會因為人內心的恐懼、擔心，而更增長了災禍發生的頻率，這就像愈怕死的人，愈容易蒙上帝寵召一般。

觀命，就是要看出人命中好的部份，也要看出人命不好的部份出來。用人命中好的部份來抵制人命中壞的部份，使人從困難、災禍中脫身而能解救出來了。所以『觀命』不但是要看出一個人的人生中所會遭遇到問題的癥結。同時也要看出此人之命理結構上的問題癥結才可。所以觀命要分為好、壞兩大部份來觀看人的命格和運程。

首先用『財』來分辨命理好壞

首先要從一個人的命盤上來做分類。分辨出命理格局好的部份及壞的部份。怎麼分呢？

通常算命師拿到一張命盤，必先看此人有沒有財！看此人的財緣上有沒有剋破、刑傷？其後才會看其他的格局變化，或六親緣份之類的助益問題。

事實上，財為萬事之首，命裡有財的人，就能成為命格強勢的人，能應付一切的不順、災禍和困難。『財』和人生中很多方面都是有極大的連帶關係的。例如命中有財的人，大部份的人，六親關係都會較順利一點。在生活中也會鬆自在一點，『財』是養生蓄命的泉源。有了『財』在命中，壽命才得以延長。所以命中有『財』的人，就可以說算是好命的人了。財也是人命中不可或缺的天然條件。例如有人的壽元將盡，從命理學的觀點來看，通常認為此人的財，在此生已要用盡了。

第一節　『命中有財』的實際狀況

『命中有財』來分辨命理好壞

所謂『命中有財』，並不只是指命宮中有財星、祿星而已。其實，在財帛宮、官祿宮、遷移宮、福德宮有財星、祿星（指化祿和祿存）都可算是命中有財。甚至於連夫妻宮、田宅宮、父母宮有財星、祿星，也可算是『有財』。在夫妻宮的財祿是妻財。在田宅宮有財星，最好了，田宅宮是每個人的財庫，是真正屬於自己匯集留存的庫位，此位有財，才是真正有錢的人。在父母宮有財星，祿星，是祖產，是蔭財和父母有緣，一生得自父母的德惠很多，用的是父母、長輩的財。這種人若成為公務員，也會和田宅宮是天梁星的人一樣，會一生本份，年老退休時有退休金、終身俸，或住在公家宿舍中，亦或是公家分配經改建而賣給你的房子。這些人是能得到國家照顧的人，國家就是你的父母、長輩了。

其他諸如像兄弟宮有財、僕役宮有財、疾厄宮有財，這些財並不直接影響人的命程，其影響是間接的，而且是很久才有效的。例如兄弟宮有財的人只是與兄弟、同輩和諧及在行運在青少年的時代好過一點，此時是讀書的年代，常常很快樂的度過了這段時期而已，並沒有發揮很大的作用。例如一個人的財只在僕役宮中，這就要看僕役宮的財星是什麼類別的財星了，若是太陰居旺還好，你仍可享受到朋友帶給你的財運，以及友情的細膩溫暖。若是武曲、天府、祿存之類的財星，因為這些星有計較、吝嗇的特質，很可能你的朋友只是自己很有錢，但性格、剛直、吝嗇、小氣計較，並不見得會帶給你很多的錢財了。

另外，只有疾厄宮有財的人，都是身體健康還不錯的人。其中某些人的身體不一定壯碩，也可能是瘦型，看起來較文弱，但是他善於保養，因此實質的健康是不錯的。同時這也表示他們的體質基因遺傳的不錯，有七、八十歲的壽命是輕而一舉的事。一生中也會平安少傷災、血光之事。是故，只有疾厄宮有財的人，雖然一生中並不見得有什麼大成就，但是他們把自己照顧的很好，享受得自遺傳基因上的福氣，一生倒也順遂，算是有福氣的人了。

命、財、官有財的時候

『命、財、官』有財的人，是真正能在工作上，人生成就上創造佳績的人。同時也是真正能享受到財帶給你的成就感，以及能由自己的努力來實踐自己的想法，而得到財的人。當然也是能真正得到財、保有財、享受財的人。

遷移宮有財的時候

遷移宮有財的人，是出生時就投胎投的好，能生活在財多的環境中，一生享用富足，生活愉快。同為他們周遭的環境中財多，競爭上較平和，不需要太勞累、太拼命就已經在富裕高尚的環境中賺錢。他們的運氣比別人好，人生的基礎點比別人高，自然成功的機率也比別人大。**這時候要看其人的身宮落在那一宮，若是落在福德宮**，只重的是個人的享受和人生樂趣，那此人只會是個一般的平凡人，並不會有什麼太大的成就了。**倘若此人的身宮落在財、官二位**，那此人是用心致力於打拼事業、賺錢，本身所處的環境條件又好，在錢多、財多的環境中賺錢，自然比別人賺得多，事業做的比別人大又好了。

倘若此人的身宮落在命、遷、夫三宮，此人比較重視的是自己自由的意願，自己愛怎樣就怎樣，這是由其人的情感模式和意志力來控制的。例如此人喜好談戀愛，頑固的用自己的敏感力去感覺和評鑑別人對自己的好與壞，及情愛的多寡，一生把情感放第一位，那此人在事業上的打拼也會大打折扣的。財多的環境只能使其人順利的生活罷了。

身宮落在命宮的人，主見和主觀意識特別強，又特別頑固，一定要別人來配合他，不愛接受別人的意見和委曲求全的去配合別人。因此當遷移宮有財時，他會用自己的想法，頑固的去取財。這時候還要看命宮的星好不好？『命、財、官』的配合如何了？有時候遷移宮中有財星，但是命宮中的星都是『財與囚仇』的星，或是有刑星、空劫剋破財星的星，這個人就肯定是頑固的不是地方，其人財會較少，以及有思想上清高或怪異的想法，常找些不生財、不聚財的方法來做事。亦或是根本不與財去著邊、躲著財，孤癖的躲到人少的地方，離財較遠的地方去了。此人很可能是出生在還算富裕的家庭中，本來從小沒有金錢、經濟上的煩惱，但是他有清高、出世的念頭，有空劫在命宮的人，想出家，或遺世索居。有羊、陀、火、鈴、化忌在命宮的人，會勞心勞力、處心積慮、奔波勞碌，但想的、做的都是與錢財背道而馳的事情，或是做了一些不利於得財的事情，搬石頭砸了自己的腳。所以縱使環境中再有財，再富裕，其人自己本身也是享受有限，白忙一場的。

福德宮有財的時候

當財在福德宮的人，就和財在命宮中一樣，同樣是本命中有財、有祿的人。這倒不是此人一定很有錢，會像富翁一樣有錢，而是說，此人對錢財有敏感力，聞得到錢財的方位，而可以很接近財。自然他們是比一般人會稍稍有錢的。

這種本命有財的人，是和遷移宮中有財是不一的。本命中有財，尚要看其他配合的宮位好不好？有沒有煞星來纏？像是命宮的配合宮位就是『命、財、官』三合一組的宮位，尤其是財、官二位。福德宮的配合宮位就是遷移宮和夫妻宮（是『夫、遷、福』一組的三合宮位）。相配合的宮位中若都沒有煞星，沒有刑星、空劫等，就是最好的擁財型式了。這表示財的基礎形式好，其人可以自己享受到財帶給其人生命中的富足感。其人在生活中會較舒適快樂。其人會較聰明、圓融、能應付生命歷程中的很多磨練。也能具有善於躲避災禍的本能，所以困難、災禍根本不會找上他。表面上看起來，他就比別人有福氣，生活優游自在、不慌不忙、怡然自得。這是一種『元神得祿』的情形，同時也表示其精神狀態是富裕安適的，自然情緒智商也是高人一等的了。

第二節　命局中有『刑財』格局的狀況

命中有財，但不完美的現象

目前在一般大眾的命格裡，常有命中雖然有財，但卻不甚完美的現象，這其實已經屬於命中不好的部份了。

有些人命中的財，有時會和刑星、空劫、或剋破之星同宮或相對照，形成『破財』、『祿逢沖破』、『劫財』等局面。這實際上財星已成無用。事實上這比沒有財星的狀況會更嚴重一些。

為什麼呢？

因為沒有財星，還可以去其他的宮位找財星，還可以用別的方式去取財。但是『財逢劫煞』、『財祿逢空』、『刑財』等問題，是根本無法去用別的方法，別的宮位代替的。

※因為在每個人的命盤上，都有相同數量的星曜。像武曲、天府、太陰、化祿、祿存等財星每人的命盤中都有一個。像羊、陀、火、鈴、劫空、化忌，每個人的命盤中也都有一個，不會有兩個。當財星被羊、陀、火、鈴、空、劫、化忌同宮或在相照的宮位角度所傷害時，這就是自己命盤中的煞星星曜，傷害了自己命盤中屬於財星、吉星的星曜，這是自己刑剋自己的模式。有此命格的人常是因自己的想法有偏差，自以為想得很好，但不實際，與現實環境和狀況有很大的距離，而離財很遠，得不到財的情形。一切是由自己而起的，豈不是『自刑』。況且這是想法的問題，此種人還特別頑固，很難改善其人的想法（除非他自己能反省，能改），所以說根本無法用別的方法去改善、糾正了。

我們在觀命、觀財的時候，最害怕的就是有『刑財』和『財逢空劫』、『祿逢沖破』的問題了。

『刑財』就是財星和羊、陀、火、鈴同宮。這其中，以和擎羊同宮，刑財，刑的最嚴重，其次是和陀羅同宮，再其次是和火鈴同宮。在財星中武曲財星比較強勢一點，因為武曲也代表政治上的權利，但是也怕擎羊、陀羅來刑剋。

武曲星的刑財格式

武曲和擎羊同宮是『刑財』，錢財會不順，會減少。同時也是政治上的爭鬥不停。

武曲和陀羅同宮亦是『刑財』，是錢財拖延不進，有時候無疾而終，沒有了。同樣也代表政治爭鬥中、私下的、暗中進行的磨難。這是讓人更形痛苦的。

武曲和火星、鈴星同宮，也是『刑財』，但較前二者稍好一點，它是因急速、衝動，在取財的過程中因速度太快，而錯過了，或因一時衝動而放棄了獲財方式。同樣也代表在政治爭鬥中有火爆較勁的場面。有武曲和火、鈴同宮的財，是性格怪異，不按牌理出牌、衝動、不受控制，常一時興起就放棄而讓人造成悔恨的財。這當然也是『刑財』。

其他如天府、太陰、化祿、祿存等財星，因為性質太溫和，實際上是非常懼怕擎羊、陀羅等刑星的。其所造成的傷害也是最大的。就像『天府、擎羊』坐命的人和『太陰、擎羊』坐命的人，不但會到傷到賺錢的多寡，甚至刑傷到本命，會有傷災、開刀、眼目有傷，影響到身體的健康和壽元部份。

天府、太陰、祿存、化祿和陀羅在一起同宮時，也是有傷災、刑財、刑福、刑命等問題。

天府、太陰、化祿、祿存，因為太溫和，也特別懼怕火星、鈴星來刑。

天府星的刑財格式

天府是財庫星，是穩重、一板一眼、錙銖必較、一點一滴清算後入庫儲藏財的性質。但有火星、鈴星同宮後，穩重計較的計算能力變得衝動馬虎，或因一時的貪心，做出犯規、逾越的事情而刑財。

太陰星的刑財格式

太陰星是田宅主，儲存財富以房地產為主。同時太陰是敏感的、以情感論事、具有溫情主義的星曜。有火星、鈴星同宮時，會因衝勁、暴躁而對財的敏感力不佳，溫情主義受到挑戰，仍會以情感論事，但會弄不對方向，對實際狀況估算錯誤而失財、耗財，這當然已是刑財了。

祿存星的刑財格式

祿存是小氣財神。有保守、孤獨、自以為是的賺取自己的財（自生財），具有自有財的特性。有火星、鈴星同宮後，也是『刑財』。通常有火星、鈴星和祿存同宮坐命的人，會有傷殘現象，這就是『刑財』的命格了。火鈴有衝動、急躁的性質，常會因速度快而思想不周詳而敗事，看起來好像很笨，其實並不然，只是沒想到罷了。

化祿星的刑財格式

化祿要看所跟隨的主星來定旺弱的強度和帶財的性質。機、月、同、梁（天機、太陰、天同、天梁）都是溫和的星，帶化祿再和火、鈴同宮時，是非常容易受到火、鈴的影響而遭『刑財』的。但刑財的多寡也會因主星居旺、居陷而有分別。主星居旺時，尤其是主星是財星居旺時，星曜化祿致福的能力強，刑財的狀況會減弱。主星居陷時，尤其是不帶財的星又居陷帶化祿，因致福的能力弱，刑財的狀況會較嚴重。

囚星、耗星、暗星的刑財格式

煞星類的星曜如廉貞、破軍、巨門帶化祿，又與火、鈴同宮時，刑財的力量就更大了。而且會是是非爭鬥，如黑道不法的財，來去凶猛且快速的財。基本上這些囚星（指廉貞）、耗星（破軍）、暗星（巨門），本身就不具財，帶化祿，也帶財少，只增人緣機會罷了。再逢火、鈴，所剩不多的財，怎能不被再刑剋掉呢？但這也同樣是主星居旺時，稍好一點。主星居陷時，刑財刑得凶了。

另外：

武曲化祿

武曲化祿是雙財星的形式，武曲居廟時，遇火、鈴時，雖稍有『刑財』，但因本身財多，只是人緣上有怪異不合群的現象，倒沒有太大的妨礙，因為武曲居廟時，通常會和貪狼不是同宮，就是在對宮照守，而有火、鈴再同宮或相照，形成『雙偏財運』格或『雙暴發運格』，會有雙重的偏財運和暴發運。這是增財，而不是刑財了。但是其人在性格上有怪異、吝嗇、暴躁，特別不通情理、精神狀況不穩定、孤獨的現象，這部份是因『刑財』而起的了。

貪狼化祿

貪狼化祿是運星和財星一起，像雙胞胎的形式。貪狼化祿最喜火、鈴同宮或照守了。這也是能具有『暴發運』和『偏財運』的格式。若貪狼居廟在辰、戌宮，對宮有居廟的武曲，或貪狼在丑、未宮和武曲同宮，雙雙居廟，再遇火、鈴來同宮或相照，這也是具有『雙重偏財運』和『雙重暴發運』的格式，也會暴發極大的財富。這也是『增財』，而不是『刑財』了。

『財逢空劫』的問題

當命格中的財星和天空或地劫同宮時，就形成『財逢空劫』了。請注意喲！這倒不是一定是在財帛宮出現喔！有的人財星並不一定在財帛宮中。有時只要命盤中的財星和天空或地劫同宮，都算『財逢空劫』。即便是這種『財逢空劫』的狀況，在僕役宮、疾厄宮、父母宮、兄弟宮等閒宮，也都是算是。還有：生於子時的人會有天空、地劫雙星同宮在亥宮，若再遇有天府、武破、太陰或化祿及祿存等星，都算是『財逢空劫』。生於午時的人，會有天空、地劫雙星同在巳宮，再遇上述這些財星，也是『財逢空劫』。另外生於卯時、酉時的人，有天空、地劫在寅、申宮相對照，此時再有紫府、武相、機陰或祿存、化祿等財星在寅、申宮和任何一個天空或地劫同宮。而另一個地劫或天空在對宮相照的情形，同樣是極凶的『財逢空劫』了。

『財逢空劫』在命、財、官、夫、遷、福等宮

『財逢空劫』的意思，實際上就是本命中的財，受到剋制、劫財或因其人本身的想法不實際、不周全，而導至成空，得不到財的狀況。在命格中談到『財逢空劫』的問題時，其實包括的範圍很廣，甚至於命宮中有天空、地劫或遷移宮及福德宮中有天空、地劫，都屬於『財逢空劫』。若財帛宮和官祿宮有天空、地劫時，那當然更是屬於『財逢空劫』的狀況了。因為賺錢和打拼的能力不佳，賺錢賺不到了，自然就是『財逢空劫』了。

命宮中或福德宮中有天空或地劫的人，都是思想清高、不善於爭鬥。每

逢有競爭時容易有心灰意懶，及早放棄或退出的念頭。這種人很難越過競爭的門檻。同時他們都有不實際的想法，有時把事情虛幻化、想得很美、很不實際，到頭來，事情成空時，又自怨自艾，愈形的氣餒和心灰意懶，甚至有自我放逐和務自沈淪的景況。並且常有晚婚、不婚的情形，影響人生運程。

命宮有空、劫

命宮中有天空、地劫的人，是思想清純、用腦子思考力不多的人，看事情也無法深刻去體會、瞭解的人。所以他們是腦子空空的無財。

福德宮有空、劫

福德宮有天空、地劫的人，是享不到福氣、財氣，對錢財也不用心，或是用心不對地方或耗財太多、守不住財的人。自然就享受不到財了。

遷移宮有空、劫

遷移宮中有天空、地劫的人，是周圍環境中缺少財的人。（這是一種感覺上的缺乏，並不見得是真正的無財）。此種命格的人常常因為自己的想法與實際環境中的狀況有出入而摸不到錢財。有時候他們也很捨得投資或把錢財借給別人，但是要收回資源的時候，總是不順利，拿不回來了。此時就要請財帛宮好的人，或財帛宮中有財星，或有財星居旺化權的人。去幫他拿財回來。要不然，是很難有錢拿得回來的。

夫妻宮有空、劫

夫妻宮有天空、地劫的人，是本身的情感模式和思想所帶動的行為上也是偏向不實際、虛空的方式。會有清高的觀念想法，心態上容易放棄或孤獨。當夫妻宮只有一個天空或一個地劫時，倒並不一定會不結婚。這人也會結婚，只是對人的感情比較淺，或慢慢變淡，沒法子維持長久的熱情。

當夫妻宮只有一個天空或一個地劫時，這時候可能會有四種狀況。一種是財帛宮會出現另一個地劫或天空。第二種是遷移宮會出現另一個地劫或天空。第三種是福德宮會出現另一個地劫、天空。還有第四種是官祿宮會出現另一個地劫、天空。你看看！這四種狀況都是造成人命中無財的情形。

當夫妻宮在卯宮、未宮，有天空和地劫一起出現時，這時夫妻宮和財帛宮都缺財，此人是不太會結婚的。而且此人清高的很，孤獨更甚，適合做佛道中人。當然，不論其人命盤中財星在何位，此人都是在人的思想上、觀念上、感情上，都非常無財、缺財的了。

當夫妻宮在巳、亥宮有空劫雙星同宮出現，官祿宮是廉貪或空宮，或是寅、申宮有地劫、天空相對照出現時，也就是在其人官祿宮中會出現另一個天空、地劫星，表示其人內心缺少財，以致於工作無力，他很可能不結婚、做事也不積極，更對財沒有敏感力，而賺不到很多的錢。

當夫妻宮在午、辰及子、戌宮有地劫、天空同宮時，此時你的心中是無財的，更對錢的敏感力差、耗財多，不賺不到錢，思想清高，做事沒有方法。

因此財運不好。這是夫妻宮和命宮或財帛宮皆有天空、地劫的狀況。

當夫妻宮在丑宮、酉宮，各有一個天空、地劫入宮的人，是夫妻宮和遷移宮或福德宮有天空、地劫。一種是表示外在環境中財少。一種是表示本命中財少，而讓其人的內心形成空茫和窮困。這時候此人的思想意境會較天真和清高，沒有金錢概念，不會理財，也無法知道得財的方向，對財沒有敏感力。通常他們都會做一些和得財背道而馳的事情。或是意想天開，想用輕鬆的方法來得財，最後容易上當、吃虧，會更耗財。

『財逢空劫』的問題，其實很容易碰到，在一般人的命理格局上也算較嚴重的問題。只要命宮和夫妻宮碰到了一個天空星或是一個地劫星，很可能另一個空劫就處於你的財、官、遷、福等宮之中了。這會影響一個人對錢財觀念上的問題，也就是影響人的價值觀和賺錢的能力。但並不是說這些人就不想賺錢了。只是當他們手邊較緊、有窮的感覺時，就非常想賺錢了，但人窘困時，就表示運氣不好，自然賺錢的機會少，是辛苦異常又不容易賺到錢的情形了。

破軍、文昌，破軍、文曲的『刑財』格局

形成財少的另一個狀況就是命局中會碰到破軍和文昌、破軍和文曲同宮的情形。

當命宮、財帛宮、官祿宮、福德宮、還移宮有破軍和文昌、文曲同宮時，本命就會窮困，亦有水厄。也就是說此人就會一生起起伏伏，也可以曾經有錢過，但是最終還是一個普通小百姓的生活層次，無法真正成為富人。尤其當命宮、福德宮、還移宮為有此命格時最甚。

武破、文昌入命

當人之命宮是武破和文昌同宮坐命時，其人是長相瘦型、有文質、相貌俊俏、聰明、精明幹練的氣質。其人的官祿宮為紫貪和文曲同宮。表示其人的聰明是和口才有關的，但此人是表面聰明，實際上有政事顛倒糊塗之狀。而且其人也是懦弱怕事的人。因為他的夫妻宮是空宮，故其內在的心思也是

由這種紫貪加文曲所形成的糊塗現象所籠罩著（夫妻宮為空宮時，由官祿宮相照的星來代替夫妻宮的星）。有因就有果，因為糊塗、怕事、做事不能完全認真而導至在賺錢方面不行，又因破耗太多，對錢財上儲蓄的觀念不好而窮困。

武破、文曲入命

當命宮是武破、文曲時，其人的官祿宮是紫貪和文昌，此人的口才會好一些，會做文職的工作，但在工作上仍然是糊塗、政事顛倒的狀態，人生起落分明，無法長久。

廉破和昌、曲入命

當命宮有廉破、文昌或是廉破、文曲時，在酉宮，人會長得漂亮一點，屬於大嘴型、輪廓深、有西洋美的臉型，長得像外國人，其人也瘦。在卯宮，長相較普通，一般廉破坐命的人都較醜，有文昌、文曲時，人會長相好看一點。但仍屬於命中無財，有水厄的命格。此命格的人，無論如何，最終是窮困無財的，其官祿宮是武貪加另一個文曲或文昌星。這也是雖具有暴發運，但處事糊塗、政事顛倒的性格和人生態度。一生會大起大落，亦可能有異途顯達者，但最後終歸落寞窮困。

紫破、昌曲四星同宮或相照

當命宮有紫破和文昌、文曲四星同宮時，或紫破坐命，有文昌、文曲雙星在遷移宮相照命宮時，同樣是窮困無財的人，亦有水厄。這兩種命格的人，是所有命宮中有破軍星的人中長相最美麗的人。此命格的人頭腦清楚的話，會多唸書，但一般人都會錯過。因為其官祿宮是廉貪，會因為自命清高、挑三撿四而不工作。自然在財方面就獲得的少，多半靠人生活，屬於窮困一族了。這也是由於頭腦上的糊塗所致，亦有水厄。

破軍單星和昌曲同宮

其他如破軍單星坐命在子、午、寅、申、辰、戌等宮的人，只要和文昌、文曲同宮，也都是屬於窮困的格局及有水厄。

窮困格局在各宮都會出現，結果不同

其實不只是在命宮逢破軍、文昌、文曲是如此，就算是在其他的宮位有破軍和文昌、文曲同宮或相照的，都代表窮困的意義。**在兄弟宮出現時**，是兄弟較窮困。**在夫妻宮出現時**，是配偶較窮困，同時也代表這個人本人的內心也較窮，會有自私自利對別人很小氣，凡事有窮酸的心態。**在子女宮**，表示其人的子女很窮，子女少，子女是外表長相還不錯，但破耗多，又不會賺錢，可能會拖累你的人。同時也表示你自己的才華會是無用的，是不能幫助你增財的才華。**在財帛宮出現時**，表示你是注重、小節、愛面子、自以為高尚，很多錢你都不能去賺，故而窮困。**在疾厄宮出現時**，身體不佳，元氣耗弱，有氣血虧損、大腸、肺部會開刀的毛病。在遷移宮是環境中的窮困、破耗又多，你在思想上不切實際、又愛面子，故無法賺到錢。**在僕役宮**，是朋友、部屬皆窮困、無法得到好的幫手。朋友及屬下皆是喜說大話，不負責任的人。**在官祿宮出現時**，亦是你在工作上專挑一些好看的，輕鬆的工作，而這些工作的薪水都低，沒法子賺到多一點的錢。**在田宅宮出現時**，表示你的財庫和你家裡都窮，財也留不住。**在福德宮時**，你是終日操勞、辛苦，閒不下來的人，是福窮。**在父母宮時**，是父母很窮，又破耗多，父母的思想不實際，又愛面子，不太會賺錢。

限運中有破軍和昌曲同宮或對照

破軍、文昌、文曲在限運中出現時，或限運逢破軍，有文昌或文曲在對宮相照，或是文昌、文曲的限運，有破軍在對宮相照時，同樣都是在此限運中會窮、收入差，生活拮据的狀況。但這要依其人原來的本命而定窮困的程度。本命中財多的人，逢破軍、文昌或文曲運時，會收入少，在那個大運、流年、流月中，為財少之月份，會有耗財多，不進財及較辛苦的情形。而本命財少的人，逢此運，就肯定會很拮据和窮困了。

財管人的壽命

人命中『財』的問題包含很廣，前面說過，財是人一生的食祿問題，財也會影響人的壽命。命中財祿好的人比較長壽。財祿少的人，壽元短。在命理學中，論及人病危存活之時，都會先看此人命中財的多寡。倘若此人正在走財星居旺或命格以上的旺位時，例如走太陰居旺、武曲居廟，或天府運時，便斷定其人在此流年、流月中不會死亡，因為還有財。命理學以人之死亡為財之用盡。不論此人還留下多龐大的財產，但其人命中可享用的財已被用盡。所留下的財產，即算是旁人的財了。因為這些財產所能享用的人是他的後代子孫，他本人已用不到了。

財管人緣桃花和婚姻、子息

財還包括了人緣桃花的部份。在這個部份中，一種是人際關係和六親關係、朋友、部屬的關係等等。另一種是婚姻的結構。沒有財或財少的人，也會影響到婚姻的問題。結不結得成婚？婚姻關係好不好？有沒有子嗣？和子女的關係好不好？等問題。一般來說，財少的人，差不多都是有『刑財』和『財逢空劫』。

羊、陀、火、鈴、空、劫會劫財，更會劫緣

羊、陀、火、鈴、空劫等煞星，不但刑剋或劫空了人命中的財，同時也刑剋、劫空了人的桃花緣份。使人結婚配對的機會減少了或是剋壞了婚姻關係。甚至阻斷了生生不息、代代相傳的子嗣問題。所以財少的人，不但影響到自己生活的用度，也會影響到人生的幸福。

財少會影響到另外一種人生幸福，就是會影響到人和父母之間的關係。

財少的人，人緣不好，長相也不十分討人喜歡。尤其在出生的時候，不好養、多病、也不能為父母多帶財來，父母要賺取養這個小孩的錢財比較困難，因此養來辛苦。所以財少的人，幼年所能得到的照顧也不算太好。

我們從很多命格的比對中發現，財星坐命的小孩，是會為父母帶財來的小孩。父母當此子一出生，便會有較好的收入，因此有比較優渥的經濟來養小孩。這樣父母的情緒也會好，也較能與小孩有親密的感情。

由上述情況可知『財』對一個人的重要影響真是何其大啊！

但是『財』多、『財』少是由人天生之八字，出生時間所形成的。我們每個人在自己出生時，又沒有辦法來控制自己的出生時間。我們每個人又都是由父母所生的。倘若父母也不懂這個出生時間的重要性，又不小心把你生在這種『財少』的時間上，那又怎麼辦呢？

後面就會講到如何解命中財少或『財逢空劫』或『刑財』格局的方法。但我們要先瞭解『刑財』格局中，財星化忌等刑財的情形，把原因先弄清楚了，解決問題的方法才容易產生。

第三章　財星化忌或化忌影響財的情形

解命的意思，就是如何瞭解命理現象，以及如何解除及改善命理格局中財少的現象，或命中有財被沖剋、刑財或有破耗主因的格局所形成不利於財的現象之方法。要尋求改善、解除的方法，必先深入瞭解財星被沖剋的現象，故試述之。

在命局中『刑財』的格局裡，還有一項最厲害的剋害就是化忌星所帶給財的影響了。通常會影響財的化忌星會有財星帶化忌或不主財的星曜帶化忌兩大型式。在兩大型式之中，又會分財星的不同星曜帶化忌的狀況。這裡只講財星化忌影響財的情形。

財星化忌如何影響財

屬於財星，又會有化忌相隨的星曜，只有武曲化忌和太陰化忌兩種。武曲和太陰本身各自肩負著不同意義和責任，對於包含『財』的形式和成份也各自不相同，因此再有『化忌』這顆多咎之星相隨時，所會發生的狀況也就各自不一樣了。

武曲化忌

壬年所生的人有武曲化忌。不論壬年所生之人的武曲化忌是否是在財帛宮，就算不是在財帛宮，而在其他的宮位中，或是在閒宮也好，只要命盤中有武曲化忌的人，其實都會深受『武曲化忌』的影響，會因為錢財上的是非或短缺而影響人的一生，金錢運是始終不順的。

武曲化忌在『命、財、官』中

當武曲化忌在『命、財、官』中，當然是直接影響到人的財少了，而且金錢上的是非、困難非常之多。

武曲化忌在命宮，所代表的意義是算帳能力不太好，常有計算錯誤、掉錢、花不應花的錢（耗財）和朋友金錢是非多。有時看似剛直，但又會突然軟化下來，不能堅持站在自己的道理上。通常有化忌星在命宮中的人都是一樣，都有內心鬱悶、糾結，把一些事情藏在心中，想來想去，有心結解不開，像心中被繩索纏繞、愈纏愈緊的趨勢。武曲化忌在命宮時，此現象也是很嚴重的，會因為錢的問題，或是對某事固執的問題而煩悶、解不開。但不論多少煩悶之事，最終仍是和『錢財』有關的問題。武曲化忌在命宮時，也會無端捲入別人的爭鬥之中，而蒙受指責或不快。尤其容易扯入別人的金錢是非之中。武曲屬金，武曲化忌在命宮的人，也常會有車禍發生而導致金錢賠償的問題不順利。

武曲化忌在財帛宮，代表錢財的擁有和手邊可使用的錢財不順，常會沒有錢、拮据，或是金錢上的是非、麻煩多，容易打錢財的官司或掉錢、被人偷錢，亦或是因錢的事被人誤會，牽扯，而導致的災禍。有武曲化忌在財帛宮的人，錢財的機緣少，一生財少不順。

武曲化忌在官祿宮，代表其人在事業上，工作上所能賺的錢會少，並且在工作上有金錢的是非，麻煩會發生。工作上會不順利，無法有大成就大前途。武曲也代表政治，表示此人在工作環境中多爭鬥，而且此人是常在爭鬥中敗下陣來的人。其人也會因某些政治事件而坐牢。

武曲化忌對人命中財的刑傷大小和種類分別也要看武曲化忌所在的宮位、看主星武曲的旺度以及看武曲和什麼星一起同宮而定。

例如：武曲在辰、戌宮居廟位帶化忌，會因為武曲星居廟的關係、化忌的層次也較高。雖然仍是『刑財』的狀況，但問題的嚴重性會比武曲居平時好很多。因為武曲居廟時，仍有財，而且是仍有大財的狀況。武曲居廟化忌是財多、常被人騙錢、偷錢、掉錢或被人借錢不還，亦或是有金錢問題遭人執疑而有官非。

武曲化忌、貪狼同宮時

武曲在丑、未宮和貪狼同宮時，也是居廟位的。此時貪狼也居廟位。武貪的型式就是財旺、運氣也旺的型式。此時若有武曲化忌和貪狼同宮時，錢財上會有是非、不順的問題。運氣上也會稍微多少受到化忌星的牽連，但仍然還很旺的。在這種型式中，就會是錢財計算上出錯和為人太頑固的態度，再多小心車禍、金屬類的傷災就好了。實際上因為貪狼帶來極佳的好運機會，其人不太會有金錢上很拮据的可能，只會暴發運不發，和有機運而不進財，或是有錢財是非等問題。但武曲化忌若出現在『財、福、遷』等宮，就可能會有進財不易，賺錢較少的情形了。此人就無法發大財，只會是一般平民薪水族之人了。

武曲化忌、天相同宮時

武曲化忌和天相同宮時，此時武曲在寅、申宮是居得地合格之位，天相居廟是福星。這時武曲在合格的旺位，帶化忌，錢財就不多了，沒有居廟位時多。又有化忌時，仍是耗財，容易掉錢，容易有被人倒債、借錢不還的情形。其人也會被人執疑錢財的事情而有官非災禍，和車禍、金器、刀傷的傷害。在這種格式中，是完全靠居廟的天相之福力來撫平的，來讓武曲化忌所成的災害降低層次的。因此有此命格的人，雖有錢財問題紛擾不斷，但仍可度過，而且他們是較懶、愛享福的。

武曲化忌、破軍同宮時

武曲化忌和破軍同宮時，因武曲居平位，又和破軍（耗星）同宮，本來就是『因財被劫』了。此種災禍就會很大了。不但是因為本身窮困所引的是非、官非。無論此格局在人命盤上的那一宮，其結果都是因窮而遭災的狀況，是極不吉的情形，在大運、流年、流月中逢到，自有禍事。倘若此種『武曲化忌、破軍』就在命宮，此人一生錢財窮困、不順，且多錢財上的是非災禍。此人頭腦不清楚，計算能力不佳，應用錢的方式也不好，耗財多，常用錢不當，或失去財產，造成自己的困頓。不但如此，也容易有傷災、車禍、身體不佳等問題。縱使有祿存同在命宮，祿不能解忌，破耗的問題依然嚴重，是『祿逢沖破』的格局。此人只有維持生命的些微資源而已，仍是窮困的人。雖然此人官祿宮會有紫微化權、貪狼，但只能做公務員維生，是一個重名不重利的人了。所以賺錢也少了。

武曲化忌、七殺同宮時

武曲化忌和七殺同宮時，也因武曲居平位，七殺居旺位，是辛勞頗多，得財甚少的局面。這是『因財被劫』，而且是劫過了頭的格局。財星和殺星同宮被刑財。又帶化忌又刑財，是雙重刑財、劫財的情形。此格局無論在命盤中那一個宮位出現，在大運、流年、流月逢到，定有災禍發生。

武曲化忌、七殺所代表的意是因財少、賺錢不易，因財而起的是非、糾紛、災禍頻仍。這一種窮凶黷武似的取財方式。也會有因財持刀的行徑。凡是命盤上有這格『武曲化忌、七殺』同宮情形的人，就要小心在大運、流年、流月不佳時，因為錢財的關係，收不到錢或是因欠債，而持刀殺人或被殺。這是必須十分注意的情形。

有『武曲化忌、七殺』在命、財、官、夫、遷、福等宮位的人，都是本命較窮的人。在得財和處理錢財上的觀念做法都不好，常引起是非跟災禍。

數年前，有一位礦工，因老闆一連數月發不出薪水，欠了他八萬元的薪水憤而自殺，這位礦工的命格中就有『武曲化忌、七殺』。在此人自殺之前一天還告訴朋友和鄰居說：老闆欠他八萬元，不給他錢，就死給他看！可見此人心性是如何的剛烈了。在他死後，其家人更憤慨了，又引發另一次的賠償糾紛。凡是命局中有化忌，又因流運逢化忌導至死因的人，是連死後也是是非糾紛不斷的，要很久才會平復。

另一個財星化忌就指的是太陰化忌

太陰化忌

乙年、庚年所生的人有太陰化忌，太陰化忌是一種陰藏的財受到刑剋的問題。陰藏的財通常指的是薪水、房租、房地產所出生的錢、存款之類的錢財。在形式上這些是緩慢而進的錢財。凡有太陰化忌在命局中的人，會在薪資的獲得上有起伏變化，有失業、收不到房租或房地產被查封，或為陰鬼所纏，無法工作賺錢等事。倘若太陰居陷時再加化忌在命、財、官、夫、遷、福的人，才真的會較窮，成不了大富之人。其一生財祿的品級只在一般人的中、下等階層。

太陰的財同樣表現在人緣、感情上。太陰是溫柔、多情之星。太陰居旺時，財多、情感也豐富，其人在情感上的敏感力也強。在與人相互體諒和溝通上特別有以柔制剛的特效力。太陰居陷時，其人在情感上的敏感力差。雖然仍會看人臉色，但在溝通和體諒上是無法和太陰居旺的人來相比的。太陰居陷時，人比較懦弱怕事，處理事情的能力會較差。太陰是溫和的星，最怕化忌來纏、來刑財。太陰居旺化忌時，財會被是非糾紛減少了財。而且是和女人的是非、金錢的糾紛多。其人在財的方面和人緣方面的敏感力都會減少變差。太陰居陷化忌時，財會特別少又多是非災禍，而且其人在情感、人緣的舒發上更顯得遲鈍、不開竅、不透氣。其人在智力方面會笨拙一點。而且太陰居陷化忌的人，是最容易被陰鬼糾纏，無法工作。

但要注意的一件事是：太陰在亥宮居廟帶化忌時，金錢的損失和是非會稍有一些，但並沒什麼嚴重。有時甚至也感覺不出來。但是和女人的是非不和，依然會存在。很多人認為太陰在亥宮為『變景』，逢化忌為不忌。所以認為在亥宮的太陰化忌等於化忌不存在，因此也不會『刑財』了。其實這是不對的，刑的是人緣際會。

前面說到太陰化忌在亥宮的金錢的損失和金錢是非好像不嚴重，甚至感覺不出來。主要是因為太陰進財的速度慢，像月亮的圓虧一般，是一個月才發生一次的，因此能發現錢財的耗損時間也相對拖慢了，也許你結算時，已是上個月份的事情了，所以在此刻的當時尚未發現有金錢的損失和耗弱、不順。要有糾紛爭執，也是吵以前的事情，時間拖一拖又到了下個月，離原來發生耗損、糾紛的時間又更遠了，因此要爭執、吵架也吵不凶，所以表面看起來是『刑財』不凶的狀態。另外，太陰在人緣關係中就代表女性。同時太陰也是溫柔、多情、善妒之星。化忌是咎星，也是善妒之星。兩種善妒的條件加在一起，又在女性的範圍之中，所以肯定是和女性有是非糾紛了。

太陰的財是陰財

太陰的財是和感情有關聯的財，也是私下暗藏，不會顯露於表面的財，這種財陰氣多一點，陽剛氣少，化忌也是陰暗面的代表，所以太陰化忌是有志一同的，在黑暗面，柔弱面，暗中用力製造混亂的狀況。

太陰化忌是可解之忌

太陰化忌可以解，武曲化忌則很難解。解太陰化忌的方法也很簡單，只要到男性多的地方工作，或只與男性一同工作。不要做月薪制的工作，做按件計酬性的工作，或按天數、時數計算的工作會較好。也不能做會計或出納之類的工作。房地產寧可放在他人名下，自己本身不要擁有房地產，以免有是非麻煩或耗損。在流年、流月、流日逢太陰化忌運時，多小心和家中女性或周圍女性朋友相處。另外在自我修為上，不要作過多的思慮，多運動，多曬太陽，多和陽剛或男性朋友在一起聊聊天，把內心的心事說出來，保持精神上的愉快，自然可化解太陰化忌，如此也可使財運順利一些。

其他型式的化忌『刑財』

另一大類化忌刑財的情形是在『命、財、官』、『夫、遷、福』等宮中形成的各類主星帶化忌的星。也就是說在上述兩種三合宮位之中，只要出現太陽化忌、太陰化忌、廉貞化忌、巨門化忌、天機化忌、文曲化忌、文昌化忌、武曲化忌、貪狼化忌等等，就已經是刑財的格局了，只是程度不同，其刑財的原因和本質不同而已，其結果還是造成『刑財』。會使人的成就小或造成耗財、得不到很多財的狀況。這其中又以化忌星出現在財帛宮、官祿宮、福德宮、遷移宮中為『刑財』最嚴重的宮位。反而倒是命宮和夫妻宮中有化忌相隨的人『刑財』並不那麼嚴重了。例如大陸前統治者毛澤東的命宮中有貪狼化忌在申宮。小馬哥馬英九是庚年生的人，有太陰化忌在亥宮坐命。這些人雖有『刑財』格局，但他們用別的方法和努力擺平了刑財的困境。也就是用努力、用打拚，用自己其他的優質潛能，開發並創造了另一種人生形式。在他們的命格中『刑財』依舊是存在的，但自己所創造的人生企機大過於『刑財』很多，因此，你會覺得奇怪，這些人既有刑財的命格，為何又能有名有利、有權呢？

事實上，在『命、財、官』或『夫、遷、福』等宮有化忌星，雖算是『刑財』格局，但若其人先天的潛能好，有打拚奮發的能力，又有父母的餘蔭，一番大事業的人，縱使有一些『刑財』的不利條件，只是對於人生中某些事情不利，並不一定見得會沒有成就的。況且化忌星還要隨主星的旺弱而有大小不利的狀況，也會隨主星的內容意義之不同，所造成困厄不吉的不一樣，這是有分別的。

因此我們在看到化星時，一定要考究其主星的意義和旺弱，又處在何宮位，才能看清楚是吉星是凶，是『刑財』多少，或是助財多少。

『刑財』問題的開解方法

通常我們在解命中，對於財的問題有幾種開解的方法。第一種，也是最重要、最直接的方法，就是在命盤中找出此人暗藏的潛能。再鼓勵其人發展此項潛能，而讓此人在人生中會過得順利一些。有時候潛能的發展澎勃時，更能使財的獲得順利，減少了財的沖剋情形，或是由他人幫忙匯集了財，或是由他人幫忙拿到了財，如此自然可改善了刑財，或本命主窮的狀況。同時可延長其壽命，或開展人緣關係所導至的機運的問題。

其他解決刑財格局的方法有：找出刑財的星或導致窮困的星曜組合在什麼宮位，先研究是因何原因而刑財或致窮困？再針對這些原因一一加以解決。例如有破軍、文昌或文曲在福德宮中，則其人會勞碌、閒不住，並在大運、流年、流月、流日逢破軍和文昌或文曲所在的宮位耗財、破大財、沒錢，及手頭較緊而窮困。因此，每將逢此運時，早所預防準備，先找到財，儲存財，並要減少消耗，用以應付這個窮困的運程。如此一來就可平復窮困而順利了。

例如有擎羊和天府在財帛宮，就是在賺錢上有爭鬥競爭激烈的情形，賺錢較困難或少，而且會有外來的劫財和耗財。此時就要隱忍脾氣，不要太衝動或放棄，多辛勞一點，不要太計較多少和得失，兢兢業業的工作，少破耗，小心傷災問題，不要生病，以免減少進財，過日子小心一點，也能安全度過刑財的時刻。

如何觀命・解命

紫微姓名學

法雲居士⊙著

『紫微姓名學』是一本有別於坊間出版之姓名學的書，
我們常發覺有很多人的長相和名字不合，
因此讓人印象不深刻，
也有人的名字意義不雅或太輕浮，以致影響了旺運和官運，
以紫微命格為主體所選用的名字，
是最能貼切人的個性和精神的好名字，
當然會使人印象深刻，也最能增加旺運和財運了。
『姓名』是一個人一生中重要的符號和標幟，
也表達了這個人的精神和內心的想望，
為人父母為子女取名字時，就不能不重視這個訊息的傳遞。

法雲居士以紫微命格的觀點為你詳解『姓名學』中，
必須注意的事項，助你找到最適合、助運、旺運的好名字。

第四章 『權忌相逢』和『祿忌相逢』的問題

很多人在命盤中的宮位裡有化權星和化忌星同宮，或是化祿星和化忌星同宮，或是化科星和化忌星同宮的現象。此現象稱為『權忌相逢』、『祿忌相逢』、『科忌相逢』。如果化權星和化忌星不是同宮，而是對照的（在對宮相照）形式，也算是『權忌相逢』。祿忌和科忌相逢亦同。

例如丁年生的同巨坐命者，會有天同化權、巨門化忌同在命宮。乙年生的天梁化權坐命者，會有天機化祿、太陰化忌在財帛宮。戊年生的機陰坐命者會有天機化忌、太陰化權在命宮等等。

四化各自含意分明

化權、化祿、化科、化忌等四化星，基本上每顆星曜意義都是不同的，所傳達的代表意含也不一樣。化權是掌控、固執、權力、強制、蠻橫意味的代表。化祿是與財和人緣關係、桃花、融合，隨波逐流，起伏擺動，順應潮流，附合應對方面的意含。化科星是與文化、氣質、做事能力、科甲、功名、成就、考試、溫和的自己努力，不強加競爭、爭取，由貴人幫助而展現順利的含意。像影響人生最鉅的『陽梁昌祿』格就不帶化科星，它所帶的是化祿星，由此可見，化科的力量是極其薄弱的，只是溫和的、稍增氣質而已。化忌星是與是非、糾紛、嫉妒、災禍、糾纏、不順等有關係的星曜。每顆化星的職責與含意分明。所以當化權和化忌星相遇，或化祿和化忌星相遇時，其實是有多面性雙重含意的狀況。

『權忌』、『祿忌』為何以雙忌論

現今的人，多半以『權忌』、『祿忌』相逢，皆以雙忌論，一篇概全的來講。當然，這是計算吉凶程度之後，最終的結果，認為還是不吉的。但是『權忌』、『祿忌』在一起，因化權星和化忌星、化祿星和化忌星各有司歸，內在的含意和實際的狀況各有不同，應該說是半吉半凶的情勢。

就以命宮是天同化權和巨門化忌同宮的人來說，天同是福星，和巨門同宮在丑、未宮時，天同落陷，再加化權，能製造福力、主控福力的力量不大。而巨門此時也是落陷的，巨門是陰星之精，是暗曜，主是非災禍、口舌便佞。化忌也是多咎，主是非災禍之星。此命格中雙重的主是非災禍，再加上天同的福力和掌控的力量不強，自然就偏向是非、災禍和口舌遭災的境況之一方了，所以說不吉是計算最後結果的言論。

但是這個人命中天同化權到底還有沒有力量呢？當然是有的！此人會因天同入命的關係而溫和，也能逆來順受。也會因化權的力量而固執，有自己一相情願的看法和思路，他只是悶悶的，靜靜的，頑固而已。不表達意見，並不是沒有意見。所以要勸服他們也不是容易的事。再者，因為外界的是非，災禍太多，已讓他窮於應付，受到多次打擊他也學乖了，變成不表達意見了。若有羊、陀、火、鈴在其人的命、財、官、遷出現，此人會有傷殘現象，更成為弱勢之人。所以大家都會認為『權忌』相逢時，化忌星會傷害化權星。主要是因為化權星有蠻橫、頑固的色彩，錯了還要堅持繼續錯下去，在處理事情時會更加重化忌的不吉，因此才以雙忌而論之的。

至於『祿忌』相逢，為何以雙忌論之呢？化祿星逢化忌星同宮是『祿逢沖破』的格局。祿沒有了，財沒有了，只剩下災禍和不順，這比原先只有祿沒有忌的人差了兩、三個層次，所以很多人認為『祿忌相逢』應以雙忌來論之。其實這是沒有必要的。祿被忌星沖剋，祿變少，變沒有了，只要全力應付忌星所帶來的災禍，是非即可，算帳算得太清楚，仍然有是非、災禍的形態，而沒有太大的意義。

至於『科忌』相逢，化科星本來就柔弱，受化忌星剋制住，做事的能力大打折扣，但其人仍會長相秀氣、有氣質，只是頭腦不清楚而已。

第五章 『四化飛星』、『玄空四化』是無根據的理論

現今有一派愛專談用四化飛星的人，喜歡把生年的形成的化權、化祿、化科、化忌，再和命盤中命宮主星所帶之四化星，再和大運、流年、流月中各宮位所包含的四化星糾纏互沖。產生許多新名詞如射出忌、互沖忌、逆水忌、回水忌、反弓忌、拆馬忌、退馬忌、絕命忌等等的名詞。也用第一次祿忌相逢，第二次祿忌相逢之類的方法，或是用本命化權或化忌沖入子女宮，或沖入財帛宮等等……之論調。只是名詞嚇人，並無實際觀命的效用，倘若你用這種方法來算流年運，一定轉來轉去，轉得頭昏腦脹也弄不清楚，運好不好。

這些沖來沖去，祿沖權、忌沖權的方法，都是目前在台灣的這些學習斗數的人士所自創的，不是斗數原有的理論。也根本沒有學理依據。再加上纏來纏去、化星飛來飛去，已自綑行腳，很多學習這種四化派理論的人，已算命算不準了，也搞不清原來理論的方向為何了。

世界上所有的理論，都是要經過千百年來的考驗和印證的，這種用生年四化和大運化，流年四化、流月四化，再加上本命盤中的四化相互綑綁纏繞，糾結不清的理論，現在已破綻百出，又如何能傳世百年呢？況且這個在民國五、六十年裡的一位寫斗數命理書的作者所自創的理論，卻由許多不明究理，不明正道，更有些人是不明是非曲直、八字中干支屬陰的偏多的人，看到這種糾纏沖忌的狀況，誤以為這是極大的學問，而固執的強加追循依據。算命講究的就是要準確，不可似是而非。不但印證以往過去的事要準確，就連預測將來的事情也要準確，這才是算命的意義和目的。

現在略述一下為什麼「玄空四化」是無聊、多此一舉、自縛手腳、不合正道的理論。以下則某書中所斷婚姻受挫的命盤為例來解說。

某玄空四化所舉的實例是：

二、玄空四化實例應用：

實例㈠：

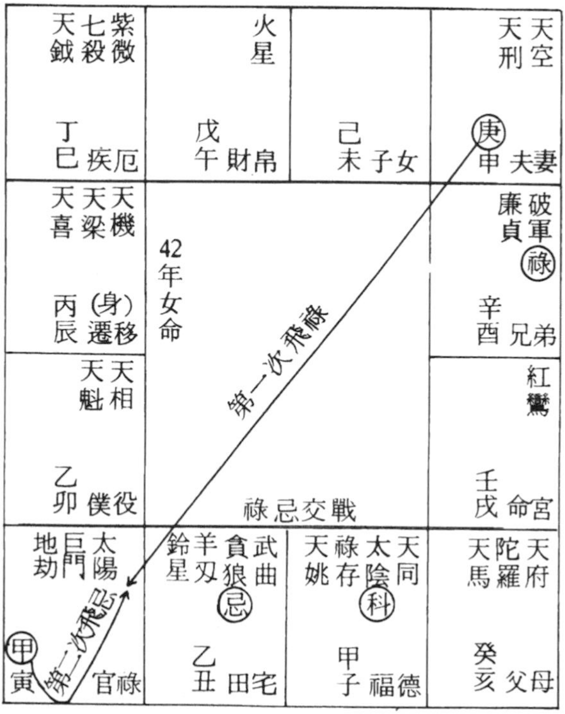

判斷夫妻宮好壞吉凶：

①以夫妻宮為定點，起飛星四化夫妻宮庚使太陽化祿（第一次化祿）落入官祿宮，再以官祿宮之甲干起四化，甲使太陽化忌（第二次飛忌）入官祿宮（自化），形成祿忌交戰，故夫妻宮為凶。

②事實：婚姻受挫。

如何觀命・解命

本派的理論：

㈠由前面的命盤看來，實際上我們根本無須用第一次飛祿、第二次飛忌，一眼就可看出此命盤的夫妻宮不好。

夫妻宮是空宮，無主星，代表其人在心智上是茫然，情感無所依歸的，況且夫妻宮尚有天空、天刑這兩顆乙級星，表示其人的心態是凡事看空、看淡、想放棄、灰心的心態。天刑是上天責罰之星，會讓其人悶悶不樂，自閉，不想講話，頑固，凡事很龜毛。常不表示意見，但又私下反對的很厲害，自己與自己過不去，有時也與別人過不去。所以天刑入命的人，常讓家人和他自己都很頭痛。

凡是夫妻宮有天空、地劫兩星同宮或相互對照的人，是一定不會結婚的人。自然婚姻受挫了，何須再用飛忌、飛祿飛來飛去來相互糾纏，才知道其夫妻宮是不好的，這豈不是庸人自擾，頭腦不清嗎？

㈡在斗數命盤上，十二個宮位都有天干、地支，以本生年干，按五行冠蓋訣來定各宮干支。主要的目的是要找出命宮的天干，因為各宮的地支已固定了，只要找出命宮的天干，才能找出五行局。再由五行局中來起紫微星。有了紫微星落座的宮位，『命盤格式』就出現了，就知道你是屬於『紫微在子』命盤格式或是『紫微在某宮』命盤格式的人，你一生的命運就盡在此命盤格式中運行了。

※所以每個宮位干支的第一個作用是協助算出命宮干支來，以便找出紫微星落座的宮位，決定命盤格式的功用。

※宮位干支的第二個作用便是在行運時來計算運程用的。在大運、流年、流月中它都很有用處。

(三) 前面玄宮四化的例子中，要看夫妻宮有吉凶，居然不以夫妻宮的星曜做解釋，而以夫妻宮之天干庚（庚年有太陽化祿）飛祿到官祿宮，再由官祿宮的天干甲（甲年有太陽化忌）再飛忌回夫妻宮，如此來斷夫妻宮的吉凶，實屬無稽之談，置夫妻宮中之星曜不顧，縱使夫妻宮無星曜，還有官祿宮相照之星曜可利用解釋，實在不必東拉西扯，假借飛星來唬弄初學紫微斗數的人上當。

紫微命理中常有一些名詞被人拿來做文章，創造新理論，而讓許多新學者，誤入歧途，現在我將之一一解釋一下，還給這些名詞原來的正解面貌。

活盤：指在計算大運、流年、流月時，因運程行運在命盤上計算宮位而移動的方法稱之。例如計算大運，每個人的第一個大運都是命宮開始計算。倘若是水二局的人，又是陽年生的男性，或是陰年生的女性，是順時方向行運，便在2歲至11歲在命宮行大運。在12歲至21歲走父母宮的大運，在22歲至31歲走福德宮的大運……以此類推。若是陰男陽女，便在第二個大運時會走兄弟宮，第三個大運會走夫妻宮，第四個大運會走子女宮……以此類推。

在看流年的時候，今年是巳年，便走巳宮的流年運程，在馬年時便走午宮的流年運程，在羊年時便走未宮的流年運程……以此類推。

算流月有計算流月的方法，（請看『三分鐘算紫微斗數』一書中第71頁）。

因為計算運程時，宮位會移動，彷佛命盤會旋轉一般，故稱活盤。

飛星：並不是紫微星曜真的會飛。飛星主要談的是四化（指化權、化祿、化科、化忌等四化星）在運程中的變化而言。

例如在下列的命盤中，巳年此人走的是廉貪運，巳年便以巳宮為流年命宮，以此巳宮看巳年的運程好壞，以辰宮為流年兄弟宮，看與兄弟間的關係。

42-51	32-41	22-31	12-21
財帛宮 廉貞 貪狼 辛巳	子女宮 巨門 壬午	夫妻宮 天相 文昌 文曲 癸未	兄弟宮 天同 天梁化權 天空 甲申
疾厄宮 太陰化忌 擎羊 庚辰	陽男 乙卯 戊子 丁未 癸卯		命宮 武曲 七殺 乙酉 (2-11)
遷移宮 天府 祿存 己卯	水二局		父母宮 太陽 丙戌
僕役宮 陀羅 地劫 戊寅	官祿宮 紫微化科 破軍 鈴星 左輔 天魁 右弼 己丑	田宅宮 天機化祿 火星 戊子	福德宮 丁亥

以卯宮為流年夫妻宮，看巳年時和配偶相處的情形，或是看其婚姻狀況。以寅宮為流年子女宮，看巳年時與子女的關係。以丑宮為流年財帛宮，看巳年中錢財是否順利，與賺錢的方法和多寡，以及有無破耗，賺錢辛不辛苦？以子宮為流年疾厄宮，看巳年時，自己的健康情形如何……等等以此類推。

到午年時，便以午宮為流年命宮，巳宮為午年的流年兄弟宮，辰宮為午年的流年夫妻宮，卯宮為午年的流年子女宮……以此類推。

由這個命盤中，我們可以看到在原命盤中，有天梁陷落化權在兄弟宮，有天機居廟化祿在田宅宮，有紫微化科在官祿宮，有太陰化忌在疾厄宮中。

在巳年的流年裡，走的是廉貪運。而天同、天梁化權、天空等星是流年田宅宮，而天機化祿進入巳年流年中的流年疾厄宮。而紫微化科進入巳年的流年財帛宮。而太陰化忌進入巳年的流年兄弟宮。

四化星在流年的活盤中都變動了位置，倘若到了馬年，命盤上的天梁化權更會進入午年的流年福德宮，天機化祿更會進入午年的流年遷移宮，紫微化科更會進入午年的流年疾厄宮，太陰化忌更會進入午年的流年夫妻宮，到了未年時，天梁化權會在未年的流年父母宮……以此類推。

流月命宮，流月兄弟宮，流月夫妻宮，流月子女宮……流月福德宮，流月父母宮，也是如此移動變化的。

由這種大運、流年、流月的計算方法來看，四化星隨之移動的情形，稱做飛星。例如天梁化權進入流年兄弟宮了，就稱做權星飛入兄弟宮。正統的紫微斗數一定有正理可循，絕不會胡亂增加或改變命盤中的四化星。

有的人因為今年是辛巳年，辛年有文昌化忌、文曲化科、太陽化權、巨門化祿，就把文昌化忌和文曲化科放到前面舉例命盤的夫妻宮，把太陽化權放到父母宮，把巨門加化祿放到子女宮來用，愈解釋愈不通，這是十分錯誤的！辛年中的四化星主要是對大環境的影響，與你的關係是遙遠的。辛年的太陽化權、巨門化祿、文曲化科、文昌化忌，代表的是你周圍的環境，代表的是你處的社會或國家中大家是吵吵鬧鬧，口舌是非多，很多人頭腦不清楚，計算能力不好，但嘴巴很會瞎掰，是虛而不實的狀況，而主政者仍能掌握權力，政府的、主管級的、老闆的權力很大，壓制力很大，所以在下位者是爭不過上位者。

另一方面只有嘴甜，口才好，會說話的人才會得利。這樣一個環境，會有許多老百姓、眾人來替你分擔危險，就你本身而言，你仍走你的廉貪衰運，環境中好的事也好不到你身上，壞的事，因你本身運氣就差了，你也不會有感覺了。所以辛年所屬的權、祿、科、忌，對你的影響是很難顯現的。人走廉貪運時，容易失業，耗財，賺錢少，人緣差，機會差，凡事都跌到谷底，頭腦也會笨，儘想些不實際的問題，與人常有衝突，遭災。最嚴重的問題就是錢財不順，賺不到錢，運氣極壞。

在這個命盤的巳年流年四化裡，天梁居陷化權和天同、天空（在申宮）同居流年田宅宮，並有陀羅、地劫相照。表示家裡或自己的財庫，因懶惰、頑固、愚笨而沒有錢。

※天梁陷落化權：只是自己特別頑固、固執而已，沒有貴人，更無法掌權。又因和天同居旺同宮，因此是愛享福、玩樂，但又帶些頑固，自以為是的想法。有天空、地劫相照，表示本身就空空的，又被外來劫財，是更為空洞了。

此命盤的天機化祿，在巳年入流年疾厄。天機居廟化祿，又有火星同宮，表示在巳年此人的健康大致不錯，但要小心脾、胃、肝的毛病和皮膚病。另外也要小心車禍。

此命盤的紫微化科在巳年入流年財帛宮，並和破軍、鈴星、左輔、右弼同宮，對宮有文昌、文曲相照。表示在巳年這一年，此人的錢財只是表面上好看，有朋友幫忙，但實際上是窮困，耗財多，又有朋友幫忙耗財花用的情形。朋友幫你找錢掩飾困境，但也要求均分利益，所以你愈來愈窮困。

此命盤的太陰化忌在巳年入流年兄弟宮，太陰是陷落化忌，又和擎羊同宮，彼凶。表示你在巳年時和家中兄弟姐妹不和，爭鬥很凶。尤其和姐妹感情更壞，相互傷害。

你看！四化在流年運程看六親關係或斷事時，已改變了宮位。這個狀況就真正叫做『飛星四化』。大運、流月、流日亦照此來推算。普通大運管十年運程，管的時間較長，所以只要看大運逢到的十年運程就好了，而不必再分大運的兄弟宮、大運夫妻宮……等等。例如命盤中12歲至21歲就只要看申宮中之天同、天梁化權、天空所代表的大運意義即可。

只有流年、流月、流日才會看流年財帛宮，流年官祿宮或是流月兄弟宮，流月夫妻宮，或是流日疾厄宮、流日福德宮，因為時間範圍小一點，這樣就能斷出當時、當月、當年所發生的事了。

四化飛星是這麼用的，絕不是從四化所在宮位的宮干中又平白扯出一條線來胡亂飛來飛去。每個宮位的大小星曜都代表其獨特的意義，大家一定要弄明白才好，命就不會算錯了。

如何掌握你的桃花運

假如你是一個算命的

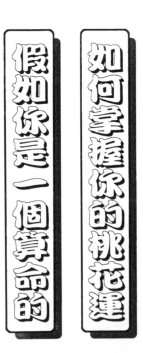

第六章　如何從觀命過程中找出人的暗藏潛能

一般我們拿到一張命盤，要從命盤中找出這個人暗藏的潛能，並不是一件太難的事。但是一般人都忽略了這個項目。

普通人拿到命盤，最先注意的就是命宮主星是什麼？接著再解釋命宮主星所代表的意義。接著再看財帛宮是什麼星？接著再看官祿宮是什麼星？然後以『命、財、官』中有無主要的財星或祿星、權星，便定了這人的一生富貴的形式了。

上述這個算命的基本形式當然也沒有錯。但是『命、財、官』中也潛藏著人的能力。有財星座落的，是有財、有富的潛能形式。沒有財星、祿星，也會有其他主貴、主福，享安樂或是主聰明機變，主蔭庇的潛能形式，這是各個不同的。

財星不同，也影響生命中得財的型式

例如有財星在命宮，又要看這顆財星是什麼樣的財星？是武曲？是天府？還是太陰？是武曲財星的話，這是帶有權力意味，剛硬意味，由人緣機會中所得到的財。表示是由做生意或由權力結構中產生的財。

若是天府財庫星，則是由一板一眼，按步就班，由薪水和固定收入中，緊縮、收斂、儲蓄、歸納所形成的財。若是太陰財星，則代表的是每月一次，彷佛月亮盈虧起伏一般的藉由薪水、房地產所產生的財，每種財的形式都不同，一個人的潛能也就隱伏在其中了。

命中的財會影響人生架構，決定人的暗藏潛能

我多次說過：命理學是一種歸納學，是把相同條件，相同氣質的人，會發生相同事件的狀況，歸納起來，整理以後所形成的學問。

所以武曲財星坐命的人，也可能會去做薪水族，過朝九晚五的生活，但

這常只是一個過度時期，最後他不是走上做生意、做老闆的路途，就是踏上政治的路途。無論如何，其人也都會在政治的結構中，和人緣機會裡來展現他的才能的。要是命格中有武曲化忌或武曲、擎羊，這種『刑財』格局的人，才會一直留守在專業的、薪水階級之中。這種有『刑財』格局的人，便是體制外的一種人生架構了。

當財星在命宮時，我們同樣也要注意在命宮的對宮（指遷移宮），是否有刑星、煞星來『刑財』的情形，這種狀況也同樣會使人走上另一種人生的歷程，這很可能就是一生以偏向以薪水階級得財，和以家庭生活為主軸的人生歷程了。所以我們要發掘出這個人的暗藏潛能，就要看看此人在人緣關係及感情方面的敏感力是不是很好？或是有沒有『陽梁昌祿』格？『父、子、僕』、『兄、疾、田』等宮位好不好？

有很好的田宅宮的人，努力一生，也可以積聚財富。『父、子、僕』等三合宮位好的人，會有很好的DNA傳承。家庭方面的助力很大，這也能使人達成圓滿人生的境界。同樣，『兄、疾、田』等宮很好的人，也會有健康快樂的人生。雖然打拚能力並不是很強，但他的要求不太高，反而促使了家庭的和諧氣氛，創造了使自己享受幸福的環境，這也是很多『命、財、官』強勢卻六親不和的人所追求不到的境界。這自然也是一種特殊的內在潛能了。

很多人在看了一些命理書和學了一點命理知識以後，受書中的影響很大。書上總是談論如何……如何是命格高的命格。譬如說『命、財、官』皆有吉星，且帶祿、權、科三方照守的命格最好。其人一定是高官厚祿、位極一品之類的達官顯貴之族。當然囉！倘若這是你的命格，或是你家人的命格，這是最好的了。但是一般人的命格中卻非常少見如此的命格。總是羊、陀、火、鈴、化忌、劫空、殺、破出現的不是地方。常出現在非常重要的幾個宮位中，例如『命、財、官』、『夫、遷、福』中，以致於讓人唉嘆！難道這樣的命格也就沒有救了嗎？難道這樣的命格就不用活了嗎？當然不是的！這時你就要替此人找出他生命中的潛能出來。那怕是一丁點的貴人運，這也可能會是此人的生命潛能了。

夫妻宮、福德宮很好，其他宮位不強的人，潛在能力在家庭運中

倘若某人的夫妻宮很好，有吉星和權、祿之星，這也是他生命中的潛能，也會對其生命有非常巨大影響意義的。夫妻宮具有溫和、居旺吉星，或帶化祿的人，因夫妻宮也代表其人內心感情世界的潛在思維，因此有溫和居旺的吉星時，就表示此人天生內在的性格上就會具有溫和的、崇高的、安定的、善良品格。他也會因為這種善良的本性和思維為他自己帶來無限的福份。自然這種福份就是在夫妻之間深厚的情感上能得到釋放和回報了。倘若這人沒有在其他事業上或賺錢方面打拚的能耐，不過他一定會在家庭生活上投下大量的心力。他自己所成就的人生幸福也是不亞於那些會賺錢或事業有成就的人。因為人生致力的目標不一樣的結果嘛！

就像同巨坐命丑宮的人，夫妻宮是太陰居廟，福德宮是陽梁，父母宮是武相，子女宮是廉府，僕役宮是紫微居廟。六親宮好，『命、財、官』中的星不強。財帛宮是空宮，官祿宮是天機居平，因此他們的生活潛能就在家庭

運中。同巨坐命未宮的人也是一樣，雖然夫妻宮的太陰居陷，福德宮是太陽居平和天梁居得地之位，但其他的六親宮強，『命、財、官』依然是陷落、居平或空宮的狀況，所以仍以家庭運為主，是坐命潛能的主軸。

六親宮高過『命、財、官』的人，暗藏潛能亦在家庭運中

在人的命盤上，所有的六親宮，有三、四個宮位好，而『命、財、官』不佳，星曜陷落或是空宮形式的人，其暗藏潛能亦在家庭運中。例如天機居平坐命巳、亥宮的人。本命天機居平，財帛宮是同巨，官祿宮是空宮。而他的父母宮是紫微，夫妻宮是陽梁，子女宮是武相，僕役宮是廉府，只有兄弟宮是七殺，其餘六親宮中之五宮皆好，其人的生命潛能就在家庭運中。

其實絕大多數的天機坐命者的生命潛能都在家庭運中，只是其中某些的『命、財、官』好一點，平順一點，或有『陽梁昌祿』格，使他們在人生的層次上比前者超高一點，這樣會使他們一部份的人用心在工作上，晚婚、不婚，或與家人是非多，而認不清自己的方向了。

就像天機坐命子宮的人，除了命宮天機居廟之外，財帛宮是天同居旺、天梁居陷，官祿宮是太陰陷落，財官二位並不強，而六親宮中，父母宮是紫破，兄弟宮是空宮有廉貪相照，夫妻宮是太陽陷落，子女宮是武殺，僕役宮是廉貪，這人的財官和六親宮都不強，但因本命是『機月同梁』格，事業衝不上去，只是一般薪水族的生活。只要在『命、財、官』或六親宮中有祿星（化祿或祿存），此人仍是以家庭為主軸的生命潛能。

其他如機巨坐命、機梁坐命、機陰坐命的人，都是一樣的，你們的聰明智慧很高，但打拚能力不足（因為本命是『機月同梁』格，是平順安享的人生）。命格中最好的宮位就在父母宮，父母對你們的影響很大，大致上你們的人生潛能都在家庭運中。只有一部份婚姻運受到剋害、不全的人，或是『命、財、官』財祿很大，完全主導了其人的人生架構的人，暗藏潛能才會轉向事業上。

『命、財、官』好，及強勢的人，生命潛能在事業上

基上本，『命、財、官』好的人，及強勢的人，做事的能力好，也喜歡把心力和智慧應用在事業上、賺錢上。

『命、財、官』好的人，也要分①『命、財、官』中帶財星的人。②『命、財、官』中有財星，但是也有空宮或是『機月同梁』的人。③『命、財、官』強勢的人，是指『命、財、官』中有紫微、廉貞、武曲，和殺、破、狼等星曜的人。

①『命、財、官』中帶財星的人，雖然可從事業上或工作打拚上得到錢財，但也要分為兩種，一種是『夫、遷、福』沒有煞星或刑財的星曜的人，一種是『夫、遷、福』被刑破的人。

◎『命、財、官』好，『夫、遷、福』也好的人，是事業順利精進，家庭婚姻和樂，也確實能享受到財福的人。

◎『命、財、官』好，但『夫、遷、福』中有一、二個宮位不好的人，就

要看是那一個宮位有差錯而定人生的潛能目標了。

例如說：『命、財、官』不錯，但夫妻宮不好，或福德宮也不好，還移宮還好的人，如廉貞坐命的人，『夫、遷、福』坐於『殺、破、狼』格局之上。夫妻宮是七殺，福德宮是破軍，遷移宮貪狼居平。財帛宮是紫相，官祿宮是武府，此人的人生架構和生命潛能仍在事業上。適合辛苦打拚，終年無休的工作。他的內心也會以事業為重，在感情上是拿得起，放得下，但他的注意力和人生目標是不會放在家庭中的，而是會放在工作的爭鬥上的。因為他們的六親宮實在都不算好的關係。其父母宮和兄弟宮都是空宮，情感較淡薄，子女宮是天梁陷落，因為忙碌對子女的照顧也不周全，可以說他對妻小的照顧，對家庭的照顧，都可能只是給錢而已，而無法在情感上多依賴他的。

②「命、財、官」中帶財星，或是「機月同梁」格的人

在這類型的人中，首推命宮中是太陽坐命的人，或巨門坐命的人，或天梁坐命的人，或太陰坐命的人。

事實上你可發現在任何一組太陽坐命者命盤中的四方三合地帶總有巨門、

太陰、天梁或空宮在圍繞著，在巨門坐命者或太陰坐命者也是一樣。但他們的『命、財、官、遷』中也常會出現一個空宮。太陰是財星，所以說如此的『命、財、官』是帶財的。但是太陽坐命子、午宮，太陰財星就不坐於『命、財、官』中，可是還是屬於『機月同梁』格的類型。這時候就要看其身宮為何，才能定其生命的潛能了。

③殺、破、狼命格和有紫微、廉貞、武曲等星在『命、財、官』三合宮位的命格，其暗藏潛能會在事業上

殺、破、狼命格的人，因本身命程的趨勢和性格上的特性，就是趨向於爭鬥、殺伐、打拚的形式，因此人生的潛能主要會發展在事業上，是一點也不奇怪的事。

紫微、廉貞、武曲三顆星在十二個命盤格式中也總是在三合方位上出現。所以只要『命、財、官』有三者之中的任何一星出現，那財、官二位就必有另外二星的存在。此三星是鼎足而立的，並且強勢的相互影響著，也因此凡是命宮有紫微、廉貞、武曲時，大致上人生的潛能就是在事業上了，只是有

一些特殊的狀況才會有變化。例如紫貪坐命、武破坐命的人，當命格中大小桃花星多時，而身宮又落在福德宮或遷移宮的人，是喜愛情色生活，愛玩，愛享受的人，人生的潛能就不會在事業上了，就要另尋潛能了。

『身宮』是觀察人生暗藏潛能最重要的宮位

其實我們要觀察人生的潛能，『身宮』就是一個最具指標性的因素了。因為身宮代表我們每個人精神領域，內在元神所寄託的地方，也就是說身宮就代表了、隱藏了每個人內心深處所最關心及最在意最深刻、最能影響人一生行徑的、觀念性的意念，所以要觀察一個人的生命潛能，當然就會從其深植的意念性的動態中來挖掘，探討是最直接，又最貼切的了。

我們想瞭解一個人的思想方式，想瞭解他的價值觀，想瞭解他心中的最愛，身宮就是一個指標性的宮位，可立即顯現出來。

身宮在命宮的人，其人生潛能要看財而定

例如：身宮在命宮的人，是特別注重自己的想法，特別頑固，非常有主見，很難接受別人意見的人。就算他是空宮坐命的人，不是強勢命格的人，思想不是很清晰、很明理，但他還是有一定的固執，很難更改，和打破的。這種人是在人生運程上隨波逐流最厲害的人。運程行得好，他頑固的方式就正確了，一生的成就就會高。若運程走弱運時，他的頑固就會使他自己更不順利，因無法應變的關係使然。

身宮在命宮的人，全都是在子時、午時生的人，具有決斷性。此時需要觀察其『命、財、官』三合宮位中是否是有財星居旺、官星居旺、運星居旺的模式，有財星居旺者多的，例如有太陰化祿加祿存，或天府加祿存，或武曲化祿加祿存，或化祿加祿存。凡是財星、祿星有二、三個在『命、財、官』中的人，一生的人生潛能就在財富了。若是『命、財、官』中有紫微、廉貞、武曲出現的大居廟旺，則其人生潛能在事業中。

身宮在夫妻宮的人，其人生潛能多在家庭之中

身宮在夫妻宮的人，是特別注重感情的獲得和抒發的人。他一生的注意力都是放在感情上。喜歡談戀愛，喜歡用情來衡量事務的是非曲直。有時候『重情不重理』太嚴重的情形會讓人覺得此人是否是精神有問題呀？

通常太過重情，太愛談情說愛的人，關心人、事、物的角度已和別人不太一樣了，有時會看事情模糊了雙眼，看不準確，容易護短受騙，或一廂情願。因為他們對人生的著力點方向不一樣，而且他們多半是重情不重財的人。在身宮落於夫妻宮的人之中，最多的一種人也會是『命、財、官』有刑財格局的人，得財不多，而且他們也不會把一生的志業放於事業上。他們總是把一生的志業放在談情說愛，因此他們的人生潛能多半是在家庭之中而發展的。

身宮在財帛宮的人，其人生潛能要看本命中含財多寡而定

身宮在財帛宮的人，愛錢如命。人生的價值觀是以錢多、錢少來衡量的。他們對人毫無信任，只信任錢。而且人生以賺錢、存錢為目的。

有這種身宮落於財帛宮的人，最好是『命、財、官』好一點，財星、祿星多一點，那他生命的潛能和人生的價值可相合為一，人生就很痛快了。他的人生潛能就是在事業上了。

倘若有人的身宮在財帛宮，但本命又是刑財格局，或財祿逢空的人，就會輜銖必較，奸佞刻薄，與錢有仇，終日為財奔波、嘔氣慨嘆而沒有好日子過了。這種人要另外尋找人生的潛能。例如說要看看有沒有『陽梁昌祿』格之類可增高人生層次的格局，來幫助取財。不過這類人是愛財如命更甚的人，縱然知道自己的人生潛能在其他方面，他也不願好好應用，端端正正的過他的人生，而是只想直接取財，或快速取財，自作聰明的，在財的旁邊打轉、繞圈子，最後浪費了一生。

身宮在遷移宮的人，其人生潛能要看本命中含財多寡而定

身宮在遷移宮的人，是喜歡往外跑，而家中待不住的人，人生比較動盪。當然某些人必須要忙碌、奔波、離開家，才能賺到錢，才會有事業，這是一種機會、機運，所以身宮在遷移宮的人是注重機運，奮力創造機運的人。

但是有機運，不一定有財。一定要『命、財、官』、『夫、遷、福』中的財星不被剋害的，才會有財。才能得到財。因此命中有財的人，其人生潛能就在財和事業運中。

遷移宮有劫空或『祿逢沖破』或刑財格局的人，只是白忙一場，要另尋家庭運或其他的人生格局來做人生潛能了。

身宮在官祿宮的人，其人生潛能就在事業上

身宮在官祿宮的人，是奮力在事業上打拚的人。多半他們的潛能也在事業上。一般來說此種人智慧較高，意志力堅定，一出生便知道自己人生的方

向，做事負責，對自己要求高。在學習能力與自省能力也較強。所以他們的事業發展也會較順利，因為他們一生的心力也就是放在事業上了。

倘若事業宮不佳，而又身宮落於官祿宮的人，這多半是官祿宮有『刑財』、『祿逢沖破』劫空，化忌或財星、運星陷落等狀況。這時候，縱然是身宮落於官祿宮，很愛工作，但仍要由其他方面來尋找人生潛能了。

身宮在福德宮的人，其人生潛能必在家庭運中

身宮在福德宮的人，是特別注重個人享受的人，和喜歡計算自己能獲得多少財祿的人。他們多半是在人生的奮鬥打拚上付出少，但只計較自己得到有多少的人。

我們在研究命理時也會發現到，許多福星坐命的人，如天同、天相坐命的人，和命格中桃花星多到影響人生歷程的人，和奮發力不強的人，會有這種身宮落於福德宮的現象。

身宮既落於福德宮，就是處在『夫、遷、福』這一組三合宮位中了，再

加上要享福必須有人給福氣讓他享，因此最直接的，他所享的福就是家人給的福氣了。所以身宮落於福德宮的人，最主要的人生潛能必在家庭運中。就算命中的財祿再多，財運再好，仍以家庭運做人生的主軸，這是無法改變。

『陽梁昌祿』格會創造、引導人生潛能的特質

在人的命盤中有『陽梁昌祿』格這個提高人生層次的格局時，它就會改變人生的結構，無論你的身宮落於那一宮，它都會提高你的生活水準。也就是在你身宮所展現特質的領域中，提高你的生活品質。

例如一個紫貪坐命的人，身宮又落於福德宮，這是一個『桃花犯主』格局，勢必以桃花為人生主軸來影響他的人生。他的人生潛能應是在桃花人緣和家庭運中（雖然他有可能因桃花事件傷害家庭），其人生潛能絕不是在事業運或金錢運上。倘若此人有『陽梁昌祿』格的話，此人在人生享受上的格調會增高，在家庭運中的滿意度會增加。此人會做一個靠薪俸過日子的公務

員，知識水準，學歷皆在中等以上的程度，當然享受也會較高級了。

『陽梁昌祿』格會增高人的學歷，使人近貴、增貴。因為其中也包含祿的成份和貴人的提携，是故財的部份也是中等平順以上的格局了。所以不論你的身宮是落於命宮、夫妻宮、財帛宮、遷移宮，官祿宮或福德宮，在你的人生中只要有完美『陽梁昌祿格』的人，不論你在人生中會著力於那一個方向，是財富、是事業，或是感情、享福份，都會在那個著力點上得到更大的發揮和勝利。

文昌、文曲居旺也會創造、引導人生的潛能

一個人秀不秀氣，智慧高不高，精不精明，內心的道德觀念好不好，會不會唸書，是不是真的能有學問，並加以利用，就在他的命盤中看一看其文昌、文曲是不是居廟、居旺的就可以得知了，這其中以文昌最為關鍵。

文昌管的是人在學術上、氣質上，正道智慧上、頭腦上、思想上、計算

能力上的資質潛力。文曲管的是人在技藝上、才藝上、口才上、四肢活動力上、桃花人緣上、精靈搞怪、變化、曲解、曲線變化上、閃爍不安定上的資質潛能。因此在命理學上，文昌主的是正途的顯達。表示是由正當的方式，或參加評選、公開的考試錄取而得到的功名和富貴。而文曲主的是異途顯達。表示是由其他不算是正式管道而得到的功名和富貴。這其中當然包括了像是有唱歌、跳舞或是有手藝、繪畫、雕刻、彈琴、有口技的藝術或用攀關係、裙帶關係等等，巴結權貴而得到的功名富貴的型式了。所以在正理上，文昌是高於文曲很多的，是高層次的星曜，命格中文昌居旺時，是格調高，又走正道的，文曲居旺時則不一定了，很可能是小市民型態的、粗俗的藝術型態的。

在一個人的命盤中，只要文昌在得地命格以上的旺位，其人的學習能力就會強，言行就會有格調，不粗俗。這也會影響人生架構。因為此種人比較自愛，不會和粗俗下流的人為伍，容易在高水準、高格調的地方工作。倘若命中的財也沒有刑剋，此人便是能以文職或高地位的方式來取財、獲財了。

即使是人命中的財少，或遭到刑財剋害，此人的人生潛能很可能只能在家庭運中發揮了。**文昌旺又財旺的人，會在事業上發展人生潛能。**

命格中文昌陷落而文曲居旺的人，是粗俗又好辯，喜歡賣弄口才的人。其人的才藝不一定很強，但是好自吹自擂，常口出穢言，自以為開放，瀟灑不羈，自鳴得意。此種人一定人生多起伏，既不究原因，也不承認錯誤。此時要看其『命、財、官』好不好，以及身宮的落點處或四化坐落的宮位而定其人的人生潛能了。

曾當過總統候選人又自稱是文學大師的李敖先人生，是廉貞坐命的人，有文昌居陷和貪狼居平在寅宮的遷移宮，文曲居旺和武府同在官祿宮，其財帛宮是紫微化科，天相、擎羊同宮。在財的應用上是『刑印』的格局，逢『刑印』之年，就會有官非和牢獄之災。當文昌陷落在遷移宮時，此人會受環境的影響形成其特殊的性格。大膽，敢說粗話、髒話，有放蕩不羈的言行。倘若文昌在申宮入命，文昌居得地之位，此人就會懂禮儀、文質彬彬了。

文昌無論旺弱和貪狼同宮，會有政事顛倒，頭腦不清的情形。由此人大膽的行徑，不顧慮自身和家人的幸福，敢於和當政者作對，在這一方面確實印合了此說。

他的財帛宮不好，有『刑印』的格局，又有紫微同宮，是一種和上層社會，以及政治性爭鬥的得財方式。而其身宮落於官祿宮，官祿宮又是武曲、天府和文曲居旺。因此他盡心用力在事業上，而事業的型態又是用口才來得財的狀況。此人一生的人生潛能就是在用口才創造名聲、創造財祿這一方面的成就了。況且廉貞坐命的人向來喜歡搞政治鬥爭，因此正印合了他的一生。

另外順便一提的是，他最近出版了一本談自己戀愛經驗的書。他的夫妻宮是七殺、火星。這並不是一個會談戀愛，懂得用情的人。相反的，他是個對情感決斷性很強、很衝動的人。真正會談情的人是太陰坐命的人，和身宮落在夫妻宮的人，這些人才會很長情，一生的志業都用在談情說愛上。歷史上偉大的愛情故事都是這些人在談、在創造的。

夫妻宮有殺、破、狼的人，在情感上很決斷，對情感也處事明快，不拖泥帶水。愛的時候轟轟烈烈，眾所周知。恨的時候，翻臉無情，很決斷，堅絕，沒有人能勸說或改變他的。同時他們在一開始尋找愛情對象的時候便會朝向此種不麻煩、乾脆，要分手分得快的對象來加以追求，自然他所找到的戀愛對象也同樣是性格堅強的人，可是在分手之際也不一定能好來好散的，也可能會有兵戍相見、刀劍齊飛的場面，這就要看各自的造化了。

命格中有文昌和文曲俱陷落的人，此人必然是文化素質不高，且沉悶，不愛講話，又有些自卑感，或由自卑感造成自大狂色彩的人，縱然是其人命格中有財、有祿，其人的文化水準和生活層次都會不高。命中有財的人，其人生潛能就往『財』的方面發展。命中無財的人，就向家庭運中發展了。倘若此種命格中文昌、文曲俱陷落，又有『刑財』格局的人，頭腦不清楚又強行放棄往家庭運的人生潛能中著力、奮鬥。這種人就只有在起伏飄蕩的人生中唉嘆了。

每個人對於人生幸福的定義都不一樣。有的人認為有錢，能成為億萬富翁最幸福。有的人認為能功成名就、做大官、做大事、有身份、有地位最幸福。有的人認為能和相愛的人廝守，夫妻相親相愛最幸福。每個人都有各自認同的幸福觀，誰也沒有理由反對誰。誰也不能以自己的主觀去批評或代替別人造就別人的幸福觀。所以我們在算命的時候，都是以當事人自己的幸福視為一個依據，再幫助他找出他個人的潛能，去造就、完成他的幸福心願。

舉例說明：「夫、福」二宮好，其人生潛能在家庭運中的例案

有一位母親帶著他十三歲的女兒來算命，這個女孩的背部有些突出，看樣子背部的骨頭有點畸型。所以影響到她長不高。

這位母親一開始就表示，她自己也懂得一些命理，所以知道這個女兒的命很不好。現在又要開刀，矯正背部的骨頭，真是讓人憂心。

現在我們看這個女孩的命盤。這位女孩是天同化權、巨門化忌同坐丑宮坐命的人。財帛宮是空宮，官祿宮是天機化科、陀羅、鈴星。還移宮又有擎羊。身宮又落在福德宮。這位母親說：她知道命宮中有權忌相逢，是以雙忌論。再加上財、官二位這麼差，身宮又落福德宮，所以她清楚的知道自己的

女兒是又懶又笨，讀書讀不好，又沒有什麼能力，將來又不知怎麼辦？這位母親，濤濤不絕的訴說女兒的缺點。言下之意，這個女兒是注定來拖累父母的了。

並且這位母親說：她常和先生吵架生氣，也多半是為了這個女兒身體上的缺陷和功課能力的不足，先生都不搭腔，也不關心，讓她更是生氣和抱怨，吵得也更凶。

這位母親看起來非常能幹，東奔西跑的為女兒脊椎骨開刀手術奔波，又要擔心先生的升官考試。看起來她是一家的支柱，自然希望家中的人能有可為她分擔心理壓力的人。可是一家都是命宮中有天同福星的人。性格上多少具有軟弱及太溫和的特質，這就無法達成她的希望了，她也只能繼續的勞心勞力了。

女孩的命盤

官祿宮 天機化科　陀羅　鈴星 〈身宮〉　乙巳	僕役宮 紫微　祿存　地劫 丙午	遷移宮 擎羊 丁未	疾厄宮 破軍 戊申
田宅宮 七殺　火星　右弼　天空 甲辰	木三局	陰女	財帛宮 天鉞 己酉
福德宮 太陽　天梁　文昌　天刑 癸卯	丁卯　戊申　辛酉　乙未		子女宮 廉貞　天府　左輔 庚戌
父母宮 武曲　天相　天馬　陰煞 壬寅	命　宮 天同化權　巨門化忌　台輔 癸丑	兄弟宮 貪狼 壬子	夫妻宮 太陰化祿　文曲　天魁 辛亥

我們看這位女孩的命盤：這位女孩命格中四方及三合宮位中的煞星多，凡是巨、火、羊在四方三合地帶，又加上化忌的人，多半有殘疾現象，這是女孩出生的時間不好。我問過女孩的母親，在生女孩的時候，一定是運氣不佳的時候。這位母親也說，在懷孕時就天天生氣，確實覺得運氣不好。縱然是命格不算好，我們也要為她找出人生的方向，和在她人生中的基本潛能出來。

在這位女孩的命格中，我們發現她最好的宮位就是夫妻宮、子女宮、僕役宮、福德宮和父母宮了，因此我們可以確定她一生最好的機運，就是家庭運了。也可以說在她的基本潛能中，就是以家庭幸福，夫妻和諧，子女乖巧孝順，為一生的潛能、職志，並且她能享受到感情上的溫暖和福氣。

她的母親很懷疑女兒的外型如此，難道真的能嫁得出去嗎？我的答案是肯定的，絕對會有那麼一位男士會很細心，溫柔多情的來照顧她的，而且會讓她享受到溫暖、幸福的愛情生活。為什麼我能如此肯定？就是在我論命多年的經驗中，讓我看到了無數的案例，才能這麼確切的肯定的，並且我還斷言，未來女孩的夫婿還是相貌英俊、美麗、口才好，收入豐富，做公職或大機構及金融機構有關的工作。（這是因為夫妻宮是太陰居廟化祿及文曲、天魁同宮的結果而看出的）

這個女孩有『陽梁昌祿』格，是在子、午、卯、酉這一組四方宮位中，而太陽、天梁祿存皆是居廟的，而文昌在卯宮雖旺度居平，而無礙，這個格局十分完美。雖然目前她的功課不太好，這只是她這兩年運程差，而且被身體上的痛苦影響到內心憂煩。再加上溫和命格的人，本身意志力就不太堅定所致，午年（馬年）時就會改觀變好。我也給這個女孩一些鼓勵。告訴她：要努力讀書啊！書讀得愈好，學歷愈高，將來遇到的老公程度就愈好，財祿也愈多，給你自己的享受就會愈好，所以書不是白唸的。

而且這位女孩可在二十二歲以前把身體的殘疾治好，開始過她幸福的人生。不過她一生的傷災多，還要小心『擎羊迭併』與『七殺迭併』的問題，享福美好的生活是並不太長久的。

案例二：財逢空劫的人，找不到人生方向

另外一個例子是有一位先生離家，在外又頻頻外遇，又沒有工作，卻一直吵著要和妻子離婚。他的妻子不肯離婚，很傷心難過的來問如何挽回他的心？

我們先來看這對夫妻中，先生的問題在那裡？

這位先生是太陽、祿存坐命巳宮的人，遷移宮有巨門、天馬、地劫、天空。本命有祿星坐命，但對宮有劫空來沖，稱之『祿逢沖破』。這是自己命中有養命的財，但是向外取不到財，和拿不到財的狀況。外面的環境中又多是非競爭，又有天馬，很奔波，但是也不容易賺到財。

他的財帛宮是天梁，官祿宮是太陰居旺化權，『命、財、官』還不錯，講起來只要做個固定的上班族，生活就能平順，有固定的財，但是他一直在家中幫忙，家中是做鐵工廠，由父親當家做主。近三、四年以來他藉口和妻子不和，跑到外面去打工，不回家。但這其中還連續讓妻子生了四個小孩，而把妻子丟在自已的家中和公婆住，自已跑出去。因為先生不替公公做事了，

某先生命盤

<table>
<tr><td>5−14</td><td>15−24</td><td>25−34</td><td>35−44</td><td></td></tr>
<tr><td>命　宮
太陽
祿存
〈身宮〉
丁巳</td><td>父母宮
破軍
擎羊
台輔
戊午</td><td>福德宮
天機化忌
天鉞
左輔
右弼化科
乙未</td><td>田宅宮
紫微
天府
陰煞
庚申</td><td></td></tr>
<tr><td>兄弟宮
武曲
陀羅
文曲
丙辰</td><td colspan="2" rowspan="2">陽男屬猴</td><td>官祿宮
太陰化權
辛酉</td><td>45—54</td></tr>
<tr><td>夫妻宮
天同
乙卯</td><td>僕役宮
貪狼化祿
鈴星
文昌
壬戌</td><td>55—64</td></tr>
<tr><td>子女宮
七殺
火星
36−45
甲寅</td><td>財帛宮
天梁
46−55
乙丑</td><td>疾厄宮
廉貞
天相
天刑
56−65
甲子</td><td>遷移宮
巨門
天馬
地劫
天空
66−75
癸亥</td><td></td></tr>
</table>

妻子的命盤

巳	午	未	申
兄弟宮 （13－22） 天機 鈴星	命宮 （3－12） 紫微 文曲 〈身宮〉	父母宮 陀羅 天鉞	福德宮 破軍 祿存 文昌
夫妻宮 辰 （23－32） 七殺 右弼	陽女屬狗 木三局		田宅宮 酉 擎羊 天空
子女宮 卯 （33－42） 太陽化祿 天梁 火星			官祿宮 戌 廉貞 天府 左輔
財帛宮 寅 （43－52） 武曲化權 天相	疾厄宮 丑 （53－62） 天同化科 巨門	遷移宮 子 （63－72） 貪狼	僕役宮 亥 太陰化忌

因此公公不再發生活費，這個妻子只好用自己的積蓄在養小孩。這位先生也常說妻子對自己的父母不夠孝順，而生氣離開家。

我們由這位先生的命盤中可看到他自己命宮雖有祿存，但財是很少的，因為『祿逢沖破』了，他所有的財只能蓄養自己的生命罷了。再加上他的福德宮是天機陷落又化忌，又有左輔、右弼化科，表示其人的腦子有奇怪想法，是愈來愈扭曲，聰明度不夠，又多是非的，專往壞處想。有左輔、右弼時，是有人還助紂為虐的幫他往壞處想，愈使其人享不到好的福氣。左輔、右弼是平輩貴人星，助善也助惡。遇善星則助善，遇惡星則助惡。因此遇天機陷落又帶化忌時，就更是助其人頭腦不清，製造更多的是非變化了。

其人的夫妻宮很好，是天同居平，代表其人的配偶是溫和的，也代表其人內在感情的模式是慵懶的，不想變化，又愛享福，喜歡穩定的。

由他的『夫、遷、福』這組宮位來看就知道：此人是因為環境不好，沒有財，腦筋不清楚，愛往壞處想，所以才想毀掉婚姻。

今年（巳年）他又剛好走太陽、祿存運，又是『祿逢沖破』的運程，流年福德宮又逢天機陷落化忌、左輔、右弼化科的運程，所以想法又有偏激的狀況了，而製造是非，同時也是來為自己製造困境的問題。

由其人的『父、子、僕』一組宮位中，父母宮是破軍、擎羊。子女宮是七殺、火星。僕役宮是貪狼化祿、鈴星、文昌。由此『父、子、僕』中得知其人和父母的關係並不好，是父母剋他的關係，他很怕父母親，因此想逃走，他和子女的關係也不親密，只會有一子（第四子是兒子），他也不喜歡小孩，小孩也無法對他有牽制的作用。他和朋友的關係也不佳。雖然有貪狼化祿和鈴星，是『暴發格』，在戌年有暴發運，但他的朋友都是凶悍、表面融洽，但無法有可交心的真正的朋友。其兄弟宮又是武曲、陀羅、文曲，表示其兄弟姐妹都是性格剛強，言語犀利，但沒什麼頭腦的人。所以從六親關係中看來，他只有夫妻宮較好，也只有配偶會真正愛他對他好的了，可是他的頭腦不清楚，身宮又落在命宮，是一個頑固，成見很深，自以為是的人，這是很難去改變他的想法的狀況。

他的『命、財、官』還不錯，原本可把自己的潛能發展在事業上，可是因為他的大運不好，正走在天機陷落化忌、左輔、右弼化科上，頭腦不清楚，故一直吵著要離婚，把家庭搞亂，這同時也會搞壞自己的人生。還好今年他的虛歲已是三十四歲了，正在此弱運的大運之最後一年，下一個大運到紫府，再二年流年運也到紫府運時便會一切順利轉好了。因此我們可以看到：這是個因命中財被沖破，財少，又逢衰運的命格所會造成頭腦不清楚的樣子。

在其妻的命盤中：

妻子是紫微居廟、文曲居陷坐命的人，此人長相端莊氣派，但口才不好，說不過其夫婿，每次吵架都輸。而且紫微坐命的人命格強勢，財帛宮有武曲化權、天相，官祿宮是廉府、左輔，『命、財、官』都很好，因此我勸她出去做事。紫微是官星，身宮又落官祿宮，一生的潛能必在事業運中，又有武曲化權在財帛宮，是必掌財政大權的人，但是紫微坐命者的六親宮中只有子女宮最好，大致來說她是六親無靠的，再加上田宅宮是擎羊、天空，這是家宅不寧的狀況。女子的田宅宮有擎羊，子宮必定有開刀狀況。據知，他的四個小孩全是剖腹生產，由此可見此女子的勇敢了。

我們在由夫妻宮來此看女子的內在感情模式，其夫妻宮是七殺、右弼，表示她是個感情直接表達、性格剛強，做事明快的人。有右弼，表示她亦有小女人的心態，喜歡佈置家庭，對丈夫做出小鳥依人的模樣，但終因性格上的強悍而功虧一匱。其實她內心真正喜歡的人，應是有能力、有魄力的人。丈夫的夫妻宮是天同，是不喜歡強悍的人，也不喜歡別人多管他，他喜歡溫和內向的人，即使能力稍差也沒關係。所以這兩個人在內在性格上，溝通上就有差異了。

妻子很喜歡小孩，因為子女宮好。子女宮是太陽化祿、天梁、火星。她會用像太陽般熱烈的情愛來照顧子女，也會用這種感情模式來照顧丈夫或周圍的人。這要看是何人能接受而可享受得到的了。通常只有她的子女願意接受，故她與子女緣深，絕對不會放棄子女而不顧的。

目前妻子的大運正走七殺、右弼運，也是最後一年走此運了，下一歲便會走到陽梁運，使運氣大好了。夫妻兩個都在走右弼運，凡運逢左輔、右弼，都是極容易離婚的運程，因此兩個人要小心擦搶走火，真的會離婚。

我是建議這位不想離婚的妻子，要好好忍耐，因為今年她走天機陷落，鈴星的運程，運氣不好，只要等到明年走紫微居廟的運程時，便能一切祥和了。而且她最好外出工作，有好的經濟能力，搬出去住，建立一個美滿舒適的家，請人照顧小孩，先生看到已有這麼美好的家庭就一定會留下來的。因為從命盤上我們可知道，這位先生心中最大的煩惱來自父母，嘴上說孝順，其實內心想逃跑，所以他故意嫁禍給妻子，表示是妻子的錯，讓別人看不出他的不孝順。另外，他是否真的和外面的女人鬼混呢？這是很難說的，這位先生的性能力並不見得很強，因為子女宮和疾厄宮都不算很好，而且有劫空在遷移宮中，又沖破命宮的祿，表示他很可能只是虛張聲勢而已，不見得真和其他的女人發生關係，我想這一點，妻子是可以放心的了。

紫微星曜專論

此書為法雲居士重要著作之一，主要論述紫微斗數中的科學觀點，在大宇宙中，天文科學中的星和紫微斗數中的星曜實則只是中西名稱不一樣，全數皆為真實存在的事實。

在紫微命理中的星曜，各自代表不同的意義，在不同的宮位也有不同的意義，旺弱不同也有不同的意義。在此書中讀者可從法雲居士清晰的規劃與解釋中對每一顆紫微斗數中的星曜有清楚確切的瞭解，因此而能對命理有更深一層的認識和判斷。

此書為法雲居士教授紫微斗數之講義資料，更可為誓願學習紫微命理者之最佳教科書。

第七章 『刑財』格局在各宮對人生的影響

我們在算命觀看命盤時，第一首要的任務就是立即找出此命盤中好的部份，優勢的部份。同時也要立即分辨出最差的部份、刑剋的部份。也就是說：要一眼看出命盤上是那一組三合宮位好，是那一組三合宮位最差，煞星最多。

每個人的命盤中都有相同數量的星曜，有相同數量的吉星，也有相同數量的煞星、化星，只是各個星曜所處的位置不一樣，和星曜的組合不一樣，而造成各人命運的不同。

所以每個人的命盤中都有武曲、天府、太陰這些財星也會有天機、貪狼這些運星。每個人也會有天相這顆印星，更會有羊、陀、火、鈴、化忌、劫空，這些忌星、刑星等的煞星。

當我們在看一個命盤的時候，有時候你會發現命盤中的財星（包括武曲、天府、太陰）和羊、陀、火、鈴、化忌、劫空同在一個宮位中了，這就是『刑財』。有時候你會發現命盤中的天機或貪狼和羊、陀、火、鈴、化忌、劫空同在一個宮位中或對宮出現了，這就是『刑運』。有時候你會發現，命盤中的天相印星和擎羊同宮了，這就是『刑印』。天同福星和羊、陀、化忌、劫空同宮，這就是『刑福』。

刑財，財就受到剋害，得財不易，或沒有了，或少了。

刑運，好運氣就沒有了，機會少了，沒了，這也會影響到賺錢少，或事業上的不順，人緣關係不好，升職機會缺乏等條件。

刑印，『印』代表權力、地位、面子問題，刑印時無法掌握權力。別人會瞧不起你，不聽你的，讓你的地位變低，會讓你難堪。倘若是廉貞、天相、擎羊同宮，是『刑囚夾印』的格局，會有官司纏身，影響名譽，讓你難堪。其他的刑印格局可能也會產生官司事件，但『廉相羊』是肯定有官非問題的。

『紫微、天相、擎羊』是政治上、工作地位上的權力被剝奪。爭鬥爭不過別人，會被打壓，但仍然是處在爭鬥之中，脫身不的。

我們在看命盤的時候，必須要注意『刑財』、『刑運』、『刑印』、『刑福』的情形或格局在命盤上的那一個宮位？所在的宮位不一樣形成不同的結果，逐一不同，這是必須仔細推詳的。

『刑福』也要看福星是和那顆刑星同宮。天同和擎羊同宮，在命宮有眼目之傷疾，亦會從黑道。在其他的宮位，只是福薄，有傷災、人緣不佳，有災禍降臨。天同和陀羅同宮，是溫和又愚笨頑固所導至的運氣不佳。這是智慧上缺乏的問題。天同和化忌同宮，天同是福星，不會化忌，和化忌同宮，必是和別的星帶化忌同宮，（本派認為天同不會化忌，故庚年以太陰化忌，天同化科來論之）此時天同是溫和、慢性子，做和事佬，將一切撫平的狀態，但天同居平或居陷時，便沒有能力造福，故只有溫和，默默承受的狀態了。

天同和地劫、天空同宮時，是福星被架空或劫福了，因此根本是空空無福，福星無用。

例如：

『刑財』的情形

在命宮：表示其人賺錢很辛苦，多操煩，其人的福德宮必然有陀羅出現，表示想得太多，用腦用不對地方，太注意細小之事，太計較、太小心，自縛手腳而財運不好。其人容易心情鬱悶、手腳無力、身體不好，多開刀和傷災，也會眼目有疾。

在兄弟宮：表示兄弟財少，會來和你爭奪財產或錢財。兄弟感情不佳。有彼此傷害的情形，害你的就是你的兄弟，而且是因為錢財的問題。有太陰、擎羊在兄弟宮，害你的是姐妹，兄弟間爭奪的是房地產。

在夫妻宮：表示其人的內心就有與錢財過不去的觀念。用錢會頭腦不清，用不對方法和方向。也表示其配偶也是窮的，並專門和你爭奪財。配偶向你要錢的方式很凶惡。

夫妻宮有武殺羊同宮時，表示夫妻宮間感情很壞，配偶是性格剛強的人，會因為錢財問題，持刀相向，家中無寧日。同時你的內心也是財窮的心境，很吝嗇小氣，又陰險，會用一些不正當的方法來賺錢。也要小心被配偶殺害。

在子女宮：表示子女心態很窮，專想一些方法來爭奪你的財，你和子女的關係不佳，也可能無子嗣。同時你自己賺錢的才華受到打壓，你的身體不好，身體有傷災，你的財帛宮會有祿存，有一定的衣食之祿，你是一個小氣吝嗇的人，錢也不願給子女花用。

在財帛宮：表示你用錢和賺錢的手法皆不好，錢財的來源也有問題，你對於錢財的敏感力差，理財能力也不佳，所以錢財總不順。

倘若是武殺羊在財帛宮，你會賺辛苦勞力的錢財，但錢少，又會因財持刀、為錢財之事和人拼命或被害。此命格的人，宜做軍警武職較佳，但流年不佳時，也會犯案。此種財帛宮是賺錢少又爭鬥性很強的賺錢方式。

在疾厄宮：表示你在身體原本的體能資源上就少。又容易有傷災、血光、開刀的問題。若是太陰、擎羊在疾厄宮，易有傷殘現象。

有擎羊與財星同在疾厄宮，是眼目有疾、身體有病傷。

有化忌與財星同在疾厄宮，是病災或有特殊罕見的疾病，生命力弱。也會有腎虧、生殖力弱的現象。

有劫空與財星同在疾厄宮，要看財星的旺弱，看病的嚴重性，但都容易生癌症、有暗疾發生的狀況。

武殺羊在疾厄宮亦有殘疾現象。

凡『刑財』在疾厄宮者，一生病災、傷災、不安寧。

在遷移宮：表示其人外在的環境中多爭鬥之事，得財不易。遷移宮中有財星和羊、陀、火、鈴、化忌皆是環境不好，有凶惡火爆之徒阻擾其財的獲得，所以你更辛苦的去取財。有劫空時，表示環境中看起來好像有財，但財會被別人拿走，或本身就根本無財，是自己估計錯誤。所以你根本摸不到財，要請別人幫忙你去取財，才會有財。

在僕役宮：表示朋友和部屬都是來刑財的，來和你搶錢的，你得不到朋友和部屬的幫助，而且他們很可能會危害你，你一定要小心。

在武殺羊在僕役宮，表示朋友都是窮凶極惡的人，他們比你窮得多，在流年、流月逢此宮時，要小心朋友因錢財和你起衝突，甚至將你殺害。

有武破、陀羅在僕役宮，表示你的朋友都是家境清寒，又不會賺錢，又有些笨拙的人。他們常使你耗財，常來挖你的錢財，但又不對你忠心。常是拿了你的錢財利益，又會聽信別人的話而反臉無情或再陷害你的人。

有武曲化忌、七殺在僕役宮，表示朋友運很差，朋友很凶，常會因金錢糾紛或利益和你起衝突，也會因財持刀殺害你。

有武曲化忌、破軍在僕役宮，表示你的朋友都是窮朋友，還和你常有金錢糾紛或政治利益的瓜葛，你總是處於下風敗地，使你金錢不順、破耗多。

在官祿宮：有『刑財』狀況，表示你一生所做的工作都是獲財不多的工作。而且工作並不順利，常有起伏、停頓的現象。倘若官祿宮『刑財』的星是**武曲、擎羊**，同時表示工作環境是政治爭鬥多的工作。工作環境中很險惡，要多費腦筋來擺平。適合做軍警業較佳，錢財會稍為順利一點，有**武曲、陀羅**同宮，表示你的工作是很直接、用腦不多的工作。同時你是個不喜花腦筋的人，做軍警業這種薪水族比較適合。有火星、鈴星和武曲同宮，也是『刑財』。這是一種有火爆場面發生，爭鬥衝突很多，會傷害進財多寡。倘若火星或鈴星和武曲同宮，對宮有貪狼相照能形成『武貪格』和『火貪格』或『鈴貪』格的人，是具有雙重暴發運、偏財運的人，但火、鈴和武曲同宮仍會傷害財星。其人性格會特別古怪，特別吝嗇，喜政治鬥爭、脾氣暴躁，有暴發運，但也耗財凶，財是大起大落型的。

倘若有**武曲化忌在官祿宮**，表示有錢財不順和是非爭執，以及政治上的災禍。

例如**武曲化忌、天府同宮在午宮為官祿宮時**，你的夫妻宮會有七殺、擎羊，表示你的內心是堅硬、奸險、多思慮的人，會處心積慮的在工作上賺錢，但也會引起非常多的金錢是非，工作和事業會有起伏升降不順利的狀況。並且你在升官運上和人事鬥爭上是不太順利的。

武曲化忌、天府、擎羊在子宮為官祿宮時，是事業中多艱險、爭鬥的狀況。表面上看起來是財多的狀況，但實際錢財常有不順。不適合做生意，在升官運上也不很順利。必須用熬年資的態度對應工作才行。

在官祿宮之『刑財』星曜是太陰、擎羊時，不論太陰旺弱皆有『刑財』。太陰的財是薪水、是房地產出租的租金、田產的租金。**太陰居旺加擎羊**，是工作中有財，能賺到錢，但被劫財及本身耗財，影響到進財的速度和數量多寡。**太陰居陷加擎羊**，是工作本身無財、財少、又耗財。你會做一份本身賺錢少，爭鬥又多，工作場所的女性小人多的工作。同時你在工作中常是十分不愉快的，容易也做不長久，也會沒有很多的升遷機會和希望。

官祿宮有太陰化忌時，要看太陰是旺是弱。太陰在旺位以上化忌，代表工作上是做月薪，尚且還算高的工作，但有金錢是非，容易出錯，惹麻煩。並且會和工作中的女性同事有時陰時晴、起起伏伏的感情糾葛。

太陰居陷、居平加化忌在官祿宮時，表示工作上是得財少、薪水低又多金錢麻煩和是非糾纏的。並且和女性同事有糾紛、不和的狀況。也不適合做女性的生意、買賣女性用品。

又例如**天同、太陰化忌在子宮為官祿宮時**，仍是有財的狀況，薪水不多、工作是平順、溫和的文職工作，略有地位。只是會有錢財上的疏失，和女人也不和，常有女性做絆腳石。天同、太陰化忌在午宮為官祿宮時，因天同居陷、太陰居平又化忌，工作上是非常操勞、財少、財運多是非、困境的。是心智上懶又窮、又頻招是非災禍的狀況，會一生不順。

又例如：**天機化祿、太陰化忌在官祿宮**，在寅宮，天機、太陰都在合格以上的旺位，代表工作中常因變化而有利，但錢財上仍有是非，而且這些是非都是女性引起的。並且這些是非是一個月發生一次的。雖然是非發生的頻率很頻繁而且規律，但是有因『變化而小得利』的因素所在，故災禍尚稱不嚴重。

天機化祿、太陰化忌在申宮為官祿宮時，因天機居得地地位，太陰居平加化忌，表示工作中的變化因素很大，雖稍有小利，但因本來財利就少，工作中薪水少，是非麻煩又多，錢財上的困難也少，而且最麻煩的是女性對你進財的阻擾，所以最後事情再多變對你仍無利，你在工作中仍是處在錢少、事煩、災禍頻傳，金錢不順的困境之中。只不過你是還蠻聰明的人，也只能用操勞、辛苦來應付這一切。

又例如：

天機化忌、太陰化權在官祿宮，在寅宮，表示你在工作上是掌管財務的人，但常因有突發事情的變化，職位的變化或人際關係的突然變化，而影響到你錢財的不順利。一般說『權忌相逢』以『雙忌』論，主要是有太陰化權時，你會對錢財抓權抓得凶和緊，不肯放手。而大環境的變化又多，又形勢愈來愈差，最後逼得你不得不放手。但有化權，你會強力反抗，最後權也失去了，財也失去了，所以是雙重的損失，故以『雙忌』論。在申宮，天機居得地位化忌，太陰居平化權不強，這是環境中很動盪不安，變化愈來愈糾纏不清，更生是非災禍，而且錢財本來就少，雖想強力控制也控制不了多少的狀況。而環境中變化所產生的是非災禍，讓錢財更少，也更無力掌握，故以『雙忌』論之。

刑財發生在田宅宮時

表示你的家中錢財多耗弱，你的財庫有破洞，會有『有財沒庫』。而且你住家的環境會有不利的地方，你需要研究一下風水問題了。你也須要找出耗財的原因出來。另外也表示你的家中多是非，而影響你得財及蓄財的問題。

當田宅宮是**武曲**（**居廟**）、**擎羊時**，表示你家中原是有錢，但家中爭鬥多，而財至少損失了一半的狀況，而且會繼續耗弱。

當田宅宮是**武貪**、**擎羊**時，表示你家中是機會好、財運也好，但家中人太強悍、多是非爭鬥、家宅不寧，而財有耗弱。

當田宅宮是**武貪**、**陀羅**時，表示你家中是財運不錯，但家中人是頑固愚鈍、個個都是自以為是、頑固不化而強悍的人，使財有耗弱，但沒有多嚴重。

當田宅宮是**武貪和火**、**鈴**同宮時，家中有暴發運，可得到意外的房地產，但家中人是強悍火爆、脾氣壞，會大起大落的。

當田宅宮是**武曲化忌**時，表示家中是時有金錢是非困擾的家庭，房地產也不易存留。房地產也有是非問題。

當田宅宮是**武曲化忌和貪狼**同宮，是家中常因金錢是非災禍而房地產不易存留，和房地產無緣。有武曲、貪狼化忌時，家中的人緣不好，家人彼此不能溝通，雖然能得家財，但和房地產無緣。

當田宅宮是**武殺**時，表示家中較窮，這是『因財被劫』，家中多為金錢爭執、吵架、爭鬥、財也留不住。當田宅宮是武曲化忌、七殺時，表示家中金錢是非多，是又窮，又因錢財爭執、吵架、打架，一生不平靜的人。

當田宅宮是**武殺、擎羊**時，表示家中窮，又常因錢財問題相互爭鬥，會持刀相向，相互傷害。並且你的家中根本存不了錢，你只會靠自己去努力賺錢，你不喜歡回家，可能早早的就離開家庭獨立了。結婚後你仍不喜歡待在家中。

當田宅宮是**武破**時，表示你的家庭很窮，家中人都不會賺錢，只會花錢、破耗凶。這也是『因財被劫』的格式。你的財庫中是財少又有破洞的。倘若是**武曲化忌**、**破軍**同在田宅宮，表示家中窮，還有金錢是非糾纏不斷。家中沒有房地產。若是**武曲化忌**、**破軍**、**祿存**同在田宅宮，是『祿逢沖破』。家中有錢財是非，縱使有一丁點的財祿，也留不住。即使有家產房屋，也是一棟破爛不值錢的房子。

倘若是**武破**、**陀羅**在田宅宮，家中是破爛、貧瘠，可能住在墳墓旁，家中人不合諧，家中亦可能有傷殘、智力低、病弱之人，家境很差。

倘若是**武破和火**、**鈴**同在田宅宮，家中是爭鬥多、又窮困、火爆的家庭，家中有不行正道之邪佞份子，家庭在社會上的地位低。

倘若是**武破和天空**、**地劫**同宮或相照，表示家中窮困，無子嗣，會出家皈依佛門。

倘若田宅宮有**武破和文昌**、**文曲**同宮的人，在巳宮，表示家中多半是清高、文質、講究內涵，有些才藝，不重錢財、也不會理財的人，因此窮一些。其住屋會像一般小市民的房舍，但收拾得很整齊。在亥宮，其家中仍是重視文化、講究的內涵、不重錢財、也不會理財、家境窮的人，但房屋與整潔比前者略差。

當田宅宮是**太陰居旺加擎羊**時，表示其人的家中仍過得去，只是錢財常耗損，有劫財之事，或突發事件而耗財。你家中的人全是非常敏感、多計較，有些陰險的人，家中人爭鬥多。他們的情緒起伏大，有時候會表面關心，但實際心懷鬼胎。你的房地產留不住，常有進出，買進賣出，也存不了錢。

當田宅宮是**太陰居陷加擎羊**時，表示你家中財少較、家中不和諧，彼此不體諒、爭鬥又多，錢財存不住，沒有房地產。

當田宅宮是**太陰居旺化忌**時，表示你家中仍會有一些積蓄，但錢財上有是非、災禍，很會耗財。家中女人不和。

當田宅宮是**太陰居陷化忌**時，表示你家中財少，又多金錢是非災禍，家中陰人不利，家中的女人都不和。

例如：

當田宅宮是**天同**、**太陰化忌**在子宮時，太陰是居旺化忌，這是乙年或庚年所生的廉破坐命酉宮的人。表示此人家中是小康之家，略有一些財，但有金錢是非和困擾，會和家中女子不和。庚年生的廉破坐命酉宮的人，命宮會有擎羊，因為自身性格陰險邪惡、多傷災。命中的財只可糊口，而且容易傷殘，錢財較更為不順，留不住財。

例如：

當田宅宮是**天機化祿**、**太陰化忌**在寅宮時，此是乙年生的武破坐命亥宮的人。表示其人的家中錢財常有起伏變化，雖稍有一點積蓄，但是非多，也易耗財。賺錢趕不上花錢多。房地產進出買賣頻繁，最後最多剩下一棟而已。房地產上的是非也多，此以雙忌論。

在申宮，是乙年所生坐命巳宮的武破坐命者，表示其人的家中原本不富有，有點窮，再加上房地產多是非，唯一的一棟房子也可能不保，家運變化多，但錢財仍不順利。家中女人不和，和女人不帶財，是重大原因。此以雙忌論。

例如：

田宅宮是**天機化忌**、**太陰化權**在寅宮，這是戊年生的武破坐命亥宮的人，表示其家中雖有家產，能掌握房地產和家財，但家運不好，常發生是非、災禍、事故，而使家財耗損，情況很凶，是以雙忌論。家中有女人當家主管錢財，但因智慧不夠高，常想錯，或自作聰明、有奇怪的想法而耗財，也可能使房地產沒了。

在申宮，是戊年生的人武破坐命巳宮的人。表示其家中原本財少、沒什麼錢，但有女人在管錢，也是因為智慧不夠、不佳，而更形惡化。家運不好，又有是非災禍和人為的錯誤而失去房地產。

刑財的情形在福德宮

是武曲財星的刑財

武曲居廟和擎羊在福德宮中，是表示在其人的本性中很強悍、好爭鬥，又容易想得多、愛計較，自己刑剋自己，所以也影響到本命的財祿了。這是命宮是七殺和陀羅同宮的人。他們是性格頑固，慢吞吞，智慧不高，常悶聲不吭，有事情只放在心裡不斷反覆自我折磨，愛想些不實際，不見得會發生的事情，用腦過度。所以此種『刑財』也會影響智慧和做事的能力。

武貪、擎羊在福德宮，是天府、陀羅坐命巳、亥宮的人，這也是性格頑固、慢吞吞、堅持己見，想得多而自我刑剋的人。智慧不算高，本命天府財庫是逢陀羅也是『刑財』格句，雙重『刑財』，自然在錢財上有其頑固的看法而影響得財的機會。此人本性上也是愛爭鬥的，但好爭的總不是地方，所爭的也不是重要得財的關鍵點。但是他們仍自認有賺錢能力和運氣，好爭，因此給人看起來很笨，即使是用心盡力，錢財仍是不多的。而且一生會起伏不定。

武殺、擎羊在福德宮時，你是天相、陀羅坐命丑、未宮的人，同樣的，你是性子慢、頭腦不靈光，但內心操煩，想得多，愛計較，又享不到福的人。因為你心態不好，凡事拖拖拉拉，慢半拍，很操勞，常做一些無用，又不利於賺錢得財的事，所以你只適合做薪水階級，但職位不高，小心在卯、酉年、流年逢武殺、羊時會『因財持刀』。

武曲、陀羅在福德宮時，則其官祿宮有破軍、擎羊，因此其人是因為工作職業上的爭鬥多，而使錢財慢進，或有耗財現象使你所享受的財福較少，或慢一點，有拖延的趨勢。不過這種狀況是不算很嚴重的。

武貪、**陀羅**在福德宮時，你的官祿宮是天相陷、擎羊同宮，工作事業上是『刑印』的格局，無法掌權，易於做血光、傷災或低階層之類的工作。這種狀況會導致你天生的財福會有突發的好運，偏財運，但也有拖延不發的情形。

有**武曲化忌**、**擎羊**或**武曲化忌**、**陀羅**在福德宮，武曲居廟時，仍有財，但有爭鬥、是非災禍很嚴重的情形，財會進得少或拖延沒進。**武曲居平帶化忌**、**擎羊**時，表示其本身享受的財福就少。而且錢財有是非災禍，爭鬥不停。本命是辛勞、刻苦、享福不多的命格，逢有武曲化忌七殺、擎羊或武曲化忌、破軍、陀羅之大運、流年、流月時，會因錢財問題殺人或被人殺害，或是被人坑害破財等事。

有武曲、天空或武曲、地劫在辰、戌宮入福德宮時，你的官祿宮也會有破軍、地劫或破軍、天空。所以你是性格不實際，工作能力不太強，想法很清高，而財被劫空、劫走了。

當福德宮是**武貪、天空**或**武貪、地劫**時，你的夫妻宮會是廉破、地劫或廉破、天空。這表示你的心態很窮，很清高，以致於財被劫走了一些，運被劫走了一些。你的內心盡是一些灰色和放棄，以及窮困不好的念頭，以致於無法擁有多一點的財。

當福德宮是太陰星的刑財

當福德宮的刑財格局是太陰、擎羊時，太陰居旺，擎羊也居旺時，此時一定是在戌宮和丑宮。**在戌宮有太陰、擎羊時**，表示有一點財，但太陰是文弱的星，很怕擎羊來剋，所以仍是耗財不順、傷財的局面，而且也傷害到你本人與女性的關係，更傷害到你與母親、妻子、女兒的關係。因為有擎羊在福德宮的人，一定有陀羅在命宮，你是陀羅坐命有同梁相照的人。因此你多煩惱，脾氣不好，內心憂煩，頭腦不清楚，你也可能會多妻，是非纏繞一生，老是想一些笨問題，自苦不已。你會多傷災，或遭槍擊而亡，不善終。**在丑宮是太陽、太陰和擎羊在福德宮時**，表示本來只有財運，沒有官運，性格內斂、不開朗，喜躲在人後，前途不太光亮的性格，又蒙上計較、陰險、多用心機、多思慮，對錢財沒有敏感性，常做笨事的狀況，這是天同、陀羅坐命亥宮的人。也就是本命是福星坐命，但又被煞星陀羅相剋無福的人，自然享用和成就就少了。這個人的祿存在父母宮和武府同宮，表示是父母有錢養他，所以他是靠父母過日子的人。也可說是無用之人。

當福德宮的刑財格局是太陰居陷的擎羊時，這是財很少又被暴徒劫財的狀況，如此的狀況就會命中的財少，而多傷災，有可能會傷殘、衣食不豐富，多病災，一生少順利。頭腦也不清，愛東想西想，心裡搞怪，把別人想得很壞，專做些損人不利己的事，因為他們的命宮都會有一顆陀羅星的關係。

當福德宮的刑財格局是太陰、陀羅時，其人的官祿宮一定有擎羊星出現，工作上爭鬥多，而其人本性是內向，多是非，在工作和事業上成就不高、財少的人。這也是因為他們內在思想常自以為是，頑固、又不喜歡找人商量或找人請教、學習能力差的關係。同樣的，他們與女人的關係差，倘若本命是太陽陷落的人，那就失去與男人、女人雙方面的人際關係，自然機緣差，如何能談工作的順利與成功呢？

當**福德宮的刑財格局是太陰化忌時**，太陰居旺加化忌，命中還是有財，但是非災禍，錢財、房地產上的問題會不順，及和女性的是非不合仍是存在的，只是比『太陰居陷加化忌』要好很多。太陰化忌在亥宮，是居廟加化忌，普通，算是『變景』。財還不少，算是很多，但仍有錢財的是非糾紛，以及和女人不合，有摩擦的狀況。

當**福德宮是太陰居陷加化忌時**，表示本命財少，又多是非糾紛，錢財上的問題很嚴重，沒有房地產，也和女人多是非糾紛，並且其人在心裡感應、和人緣上敏感力差，神經比較粗，是不會看眼色又心中犯嘀咕，愛怨恨別人的人。

『權忌相逢』、『祿忌相逢』在福德宮時

福德宮有權忌相逢的狀況時，也要看化權星所跟隨的主星和化忌星所跟隨的主星之旺弱，就可定出問題的嚴重性出來。

例如：天機化忌和太陰化權在福德宮，這是『權忌相逢』。在寅宮時，因為天機居得地之位，太陰居旺的關係，化權、化忌的層次都高，比在申宮

高，所以命中所掌握的財但是有一些。在變化多是非的狀況上，比天機陷落化忌要好很多。這時候，權星的力量較大，較能掌握財，雖然本命中仍多是非糾紛，也會因天機化忌財運有起伏，但情況不嚴重，雖然權星的頑固、強勢要做的力量也會加強了忌星的不順、不吉，但最後計算結果仍是有財的。

※普通『權忌相逢』以『雙忌論』。但以『雙忌論』會有層次高低的問題，忌星和權星所跟隨的主星全都居旺時，其不吉的後果沒有忌星和權星所跟隨的主星全都居陷時深，所以最壞的層次後果就是忌星和權星所跟隨的主星居陷位的『權忌相逢』了。

也因此，在申宮的天機化忌、太陰化權同宮時，因天機在得地之位、太陰在平位，是錢財少，難主權，又因變化上多是非糾紛，是困難重重的。

福德宮有『祿忌相逢』時

福德宮有『祿忌相逢』時，也要看化祿和化忌所跟隨之主星的旺弱而有區分。例如：**天機化祿、太陰化忌同在福德宮時**，天機原本不帶財，有化祿相隨，財是為人服務，幫別人賺錢，自己再得到財的財，也就是薪水階級的財。這種財原本就不多，也不算大財。而主財的太陰又有化忌相隨，若是祿忌在寅宮出現，太陰是居旺的，仍會有一點財，但有是非糾紛相隨。因此總而言之，在寅宮的天機化祿、太陰化忌是比在申宮的層次高一些，也還帶有一些財，災禍也沒那麼深。在寅宮代表的意義是：其人聰明才智還不錯，但與女人的關係是陰晴不定之後又變為不好的。其人的錢財和房地產上會有是非、糾紛和災禍發生。

在申宮，天機化祿、太陰化忌為福德宮的意義是：其人略有小聰明，但本命財不多，敏感力不佳，察言觀色的能力不好，和女人的關係是原本不佳又多是非糾紛的狀況，也會有錢財上的困難和災禍，本身是沒有房地產的。

『刑財』的情形在父母宮時

是武曲財星的刑財

武曲和擎羊

武曲居廟和擎羊在父母宮中，表示其人的父母是有一些財產但並不太多的人。同時也會表示父母很小氣，又凶，性格剛直，罵人很凶，父母雖略有錢財，但不一定會給他用。此人本身是很懦弱怕事的人，更畏懼父母和長輩，因此他和父母及長輩是不能溝通的。終其一生，他本身的成就和財運可能都無法超越父母。倘若父母是做軍警業的人，父親不常在家，會比較好一點。

武曲、陀羅

武曲居廟和陀羅在父母宮中，表示你的父母多半會做軍警業。也表示父母小有錢財，但頭腦頑固，沒有你聰明，和你不合。此時你的福德宮有祿存、太陽，你的田宅宮有破軍、擎羊。所以你是家宅不寧，幼年和家人不和，破耗多，又存不住錢的人。你的婚姻會很好，會嫁娶到年紀比你大的人，一生受到照顧。

武貪、擎羊

父母宮中有武貪、擎羊時，你是同陰坐命的人。表示父母是氣勢旺又對你凶的，會處處管制你。父親尤其不能和你溝通，母親也不見得幫你。你的父親很可能會做軍警職或賺錢辛苦的行業。他的脾氣不好，頑固，剛硬，自以為是，你很怕他，常躲著他。你的田宅宮是天相陷落加陀羅，因此你是家宅不寧，家中不安的狀態。

武貪、陀羅

父母宮有武貪、陀羅時，表示父母是強悍、耿直，頭腦頑固不化，與你溝通不良的。父母的頭腦有些過時，或者是你自以為父母較笨，懶得和他們溝通。不過父母不需要你養，他們有他們的財，你只是感覺和父母的關係不夠親密而已。你是同陰加祿存坐命的人，兄弟宮有天府、陀羅，你的兄弟也比你笨，再加上你本人很吝嗇，所以你也不太會照顧兄弟和父母。

武曲化忌、貪狼

父母宮中有武曲化忌、貪狼時，表示父母很強悍，似乎有一點錢，但理財能力不佳，常有錢財上的是非不斷或有債務糾紛，你和父母溝通不良，父母對待你，有時是堅硬、頑固，有時也會不講理的，而且是和你在錢財上糾結不清的。

武曲、貪狼化忌

父母宮有武曲、貪狼化忌時，表示你的父母是人緣和機會欠佳，多招惹是非，但略有錢財的。你和父母的關係惡劣，他們常對你說難聽的話，或根本不太理你，讓你內心很掙扎。

武曲化忌、天府

父母宮中有武曲化忌、天府時，表示父母仍有錢，父母會是做公職員、薪水族一點一滴的存起來的。他們的理財理念差，只會把錢存起來。在金錢上的是非多，對你沒有助益，也很難有多餘的錢財留給你。

武曲化忌、天府入父母宮在子宮時更有擎羊同宮，你本人的命宮是天同、祿存，表示父母錢財少，父親可能從軍警職，對你較凶、較嚴苛，你和兄弟也不和，你會在外面自己打拚賺錢，你的財富會超過父兄很多。

武殺在父母宮

當父母宮是武曲、七殺時，你是同梁坐命的人。父母宮是『因財被劫』的格式，父母做軍警業較佳，否則你的父母較會是做勞工階級、財少之人。父母和你不合，他們是性格強悍、蠻幹的人，剛直又衝動，你是溫和性格的人，根本受不了他們。所以你常常會在外，不太想與父母見面。

武曲化忌、七殺

當父母宮有武曲化忌、七殺時，你自幼家境就不好，父母窮，又常有金錢的是非麻煩，你本身的財運也不好，有陀羅和太陰在財帛宮，你們一家人永遠在為錢財煩惱和爭吵。

武曲、破軍

當父母宮是武破時，也是『因財被劫』的格局。你的父母窮，從小家境不好，父母還會離婚、情況更糟，父母親若是做軍警的話，情況就會好一些。父母做文職、商業的薪水族等工作的人，財運就會不順，家境窮困，父母也對你較凶，與你緣份淺，你是天同坐命辰、戌宮的人。

武曲化忌、破軍

父母宮是武曲化忌、破軍時，你的父母是較窮困且債務纏身的人，他們的脾氣壞，和你不合，父母會離婚或少一人。你幼年環境差，受到的照顧也差。

倘若你的父母宮在亥宮，此時父母宮是武曲化忌、破軍、祿存同宮，在你的父母中有一人對你還算好，父母會離婚，你會是單親家庭中的一員，或父母中有一人早離世。你從小也是在不富裕的家庭長大，父母是性格保守，與你不算太親密的。

太陰居旺和擎羊同宮時

當父母宮是**太陰居旺加擎羊**同宮時，表示父母是小康家境的財運，或是薪水族的人。同時也表示父母是情緒化、神經質的人。父母會是八字中陰干較多的人，他們的性格敏感、尖銳、計較，從不掩飾自己的情緒變化，在情感上很衝動、霸道，感情用事，記恨心強，所以你不能做錯事，否則會被唸或被罵得很慘。

若父母宮是**太陰居旺加化權、擎羊時**，在家中你的母親主導一切，對你管得很凶、刑剋你。母親是一個陰柔中又很能幹的人，她會控制你的錢財，向你要錢很凶，很多。此種狀況還要看擎羊是居廟還是居陷了。例如：太陰化權、擎羊在戌宮為父母宮時，在父母中母親管束你較嚴苛，她本性是敏感的人，會常唸你，管你，控制你的錢財，使你有些頭痛。但還不是最最嚴重的。倘若是太陰化權、擎羊在亥宮，母親管你、剋你較嚴重了，也會控制你的錢財，你一生怕與長輩相處，更怕有權勢的女人。她們都是對你不利的。

倘若父母宮是太陰居陷加擎羊，不論擎羊旺弱，都表示父母很窮，父母的工作能力差，常拖累你。你也與父母不合，父母並不會體諒你，凡事要求你較多，而不會要求自己。你對父母不會服氣，只想早點躲開他們，尤其是躲開母親。

倘若父母宮是太陰化忌加擎羊，父母的財運都不好。如果太陰是居旺化忌加擎羊，例如乙年、庚年生紫府坐命申宮的人，父母宮是如此，你的父母可能有家產和祖產不捨得花用，手邊沒錢，財運常不順，也讓你從小困苦長大，他們的腦子頑固、有問題，常要求你，對你需索無度，也從不體諒你，讓你頭痛，你一定會早離家，尋求解脫。

倘若父母宮是太陰居陷帶化忌、擎羊，你是乙年、庚年生的紫府坐命寅宮的人，你的父母是窮困有債務問題，天天逼著你賺錢、拿錢回家幫忙還債的人。父母對你並不好，他們是表面看來溫和、懦弱，但只會逼自家人或逼自己小孩的人。

父母宮中『權忌相逢』或『祿忌相逢』

父母宮有『權忌相逢』的命格，例如**父母宮是天機化忌、太陰化權**，這是戊年生天府坐命丑、未宮的人。在寅宮，因太陰居旺，帶化權，化權很強，天機居得地之位帶化忌，此種『權忌相逢』的父母宮表示：家中父母是性格陰晴多變的，家中以母親當家做主，但家庭中的氣氛常變化多端，讓人不好過。你的父母還是有一些積蓄、錢財，只是常有進出耗損。父母一生中也會遇到重大變革、不順，而心情不好。家中一直有一些包袱和問題存在。

父母宮在申宮為天機化忌、太陰化權時，因太陰居平帶化權、主財的力量不大，所以代表家中仍是母親在管理財務，但家產並不雄厚，只是小康之家，或更窮一點。母親的理財能力不佳，頭腦也不夠聰明，情緒起伏也大。你和父母心中有心結打不開，彼此內心中都不太開心，關係不好。在你幼年，你的父母也有可能把你託給別人去養。

父母宮有『祿忌相逢』的命格，例如父母宮是天機化祿、太陰化忌。

在寅宮時，因太陰居旺，帶化忌，而天機化祿的財本身是薪水階級的財，並不多，故父母是薪水階級的人，很聰明，很會做事，精於變化，但不會理財。他們是思想有些奇怪的人，很會說話，光說不練，又敏感但不會體諒人的人，父母在錢財上仍有是非、災禍、不順。你和母親不合，母親會常挑剔你。

在申宮時因太陰居平帶化忌，天機居得地命格之位，故你的父母更是聰明有餘，善於應變，但錢財窘困又有金錢是非，沒有房地產，你與母親的感情也很冷淡，離家後便少回家去。

父母宮有天府星的刑財

天府、擎羊

當父母宮有天府、擎羊時，要看天府星的旺度，也要看擎羊的旺度而定。天府在丑、未宮居廟，擎羊也居廟時，表示父母有錢，但常破財，而且錢財愈來愈少。父母很小氣、吝嗇，會與你保持距離。你本人的命宮有太陽和祿存，你會有自己的財，不靠別人，自謀生活。在你的幼年，你的父母也可能會把你託給別人養。

廉府、擎羊

父母宮有廉府、擎羊時，你是祿存坐命，有陽梁相照的人。你的父母是表面忠厚老實，但內心有些奸詐的人。這也會影響到他們的人緣不好，同時你父母也是容易把你送給或託給別人養，注重自我享受的人。父母的經濟能力並不太好，你和父母緣份淺。你的父母宮和疾厄宮形成『廉殺羊』的惡格局，在流年、流月逢到全有嚴重車禍死亡事件。並且你的父母也可能會遇車禍亡故。

天府、陀羅

當父母宮有天府、陀羅時，你的父母只是有些頑固，有些守財奴的性格，在你感覺上，他們觀念保守，有些笨，只會存錢，無法開發大的財源而已。

你和父母的感情並不算太壞。父母仍有錢財獨自生活，不靠你也會照顧你。

父母宮有廉府、陀羅時

當父母宮有廉府、陀羅時，你的父母是喜歡交際，但性格保守、頑固的人，有些小氣吝嗇、自私，會護短，只愛照顧自家人，你會覺得你的父母是笨的，但他們仍會照顧你，留家產給你花用，你與父母的關係還不壞。

父母宮有紫府、陀羅時

父母宮有紫府、陀羅時，你的父母沒你聰明，但他們仍是有錢、有地位的人，會照顧你，你的田宅宮中有貪狼、擎羊，這是『刑運』的格局，表示你家中的運氣不太好，你仍會依靠父母的資助過活，父母仍會對你很好。

天府、火星或天府、鈴星在父母宮

父母宮有天府、火星時，表示你的父母自己有錢，脾氣急躁一點，與你們感情普通，不太壞。有天府、鈴星時，表示你的父母也自己有錢過日子，脾氣急躁，有急智的聰明，脾氣偶而有些古怪。你和父母的緣份還不錯。

天府、地劫、天空同宮在父母宮時

當父母宮是天府和一個天空，或是一個地劫同宮時，表示父母有錢，但有耗財，父母和你的感情也不錯，但有時會對你照顧不周全，父母仍會分給你財產。

當父母宮是天府和天空、地劫一起同宮在巳宮或亥宮時，表示你的父母對你不錯，但是會因意外事情，父母離開或不在了，讓你很孤獨、孤單。父母留給你的錢也可能會失去。

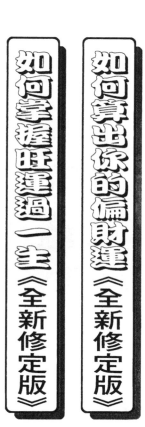

對你有影響的

日月機巨

上、中、下冊

法雲居士⊙著

在每個人的命盤中都有太陽、太陰、天機、巨門四顆星，這四顆星在人命格中具有和前程、智慧、靈敏度、計謀、競爭、感情，以及應得的故定財祿有關的主導關係。

其實你也會發現這四顆星，不但一起主宰了你的情緒智商，同時也共同主宰了你的前途命運及一生富貴。

中冊講的是太陰星在人生命中之重要性。太陰代表人的質量，代表人本命的財，也代表人命中身宮裡靈魂深處的東西。

太陰更代表你和女人相處的關係，以及你一輩子可享受的錢財，因此對人很重要！太陰又代表月亮，因此月球對地球的關係也對地球上的每個人有極大的影響力。

下冊講的是天機星和巨門星在人的生命中之重要性。

天機代表智慧、聰明和活動的動感，以及運氣升降的方式和速度。

巨門代表人體上出入口之慾望，也代表口舌是非，巨門是隔角煞，是人生轉彎處會絆礙你的尖銳拐角。天機與巨門主宰人命運的成功與奮發力，對每個人也有極大的影響力！

星曜特質系列包括：『殺、破、狼』上下冊、『羊陀火鈴』、『十干化忌』、『權、祿、科』、『天空地劫』、『昌曲左右』、『紫、廉、武』、『府相同梁』上下冊、『日月機巨』、『身宮和命主、身主』。

此套書是法雲居士對學習紫微斗數者常忽略或弄不清星曜特質，常對自己的命格有過高的期望或過於看輕的解釋，這兩種現象都是不好的算命方式。因此以這套書來提供大家參考與印證。

第八章 『造運』和『刑運』的格局對人生所產生的影響

在紫微命理中，運星主要指的就是『天機』和『貪狼』兩顆星。天機在人生中會改變事情進行演化的面貌。會有起伏、高低，或上下震盪。例如說人在走天機運的流年、流月中，會搬家，做住屋環境、生活上的變動。也可能會升職或離職，或調職，做工作環境上的變動。這要看天機星的旺弱而定吉凶。天機居旺、居廟，旺度高，則變動是好的、高陞的。天機落陷或居平，代表天機所屬時間上的律動感不佳，不是正常的變化，會愈變愈壞。人在走天機陷落運程時，就很倒霉了，運氣低到谷底，還『屋漏偏逢連夜雨』，常發生意想不到的事情，多招災禍。一般命格還不錯的人，在遇到天機陷落運時，會生病、住院，也可能遇到車禍，或人際關係上一切不順或突發的事情。原本命格不強的人，（稱『命、財、官』三方中有瑕疵或空宮坐命的人），就容易牽扯出更多的是非、災禍、病災、傷災、人災出來，也有些人會失業或有想不開自殺的狀況。

我們都知道，人的運氣不是一成不變的，都有升降、起伏、上下、循環、流動等的特質。而且運氣也會隨季節、時間、月亮的盈虧、太陽的明滅、出沒做一些規律性的變化。例如：運氣會像人身上的血液，三個月循環變化，做一次新陳代謝。所以人的血液不停的造出新血，來替換舊血，只要我們常常運動，身體中新陳代謝的機能正常，人就會健康。運氣也是不斷的蛻變，三個月循環一周的。在這三個月的循環期中，運氣也會在日月的相互的影響下起起伏伏，走一個屬於你本人運氣的曲線。我們要知道自己生命運程的曲線圖，從你專屬的命盤格式中就可得知了。（如果要研究自己生命運程的曲線圖，請看法雲居士所著『如何掌握旺運過一生』及『紫微改運術』二書。）

也就是說，你是那一個命盤格式的人，基本上運氣運行的方式已經定了，只是再加上一些四化和羊、陀、火、鈴、劫、空等特別的星曜，來修正一下而已。

命盤格式會影響你行運的好壞，例如『紫微在寅』、『紫微在申』兩個命盤格式中沒有空宮，算是較好的命盤格式，人在行運時，每個宮位、每個大運、流年、流月都有主星來執掌運氣，算是很踏實的了。而且這兩個命盤格式中的很多星曜都在廟位、旺位，吉象的時候較多。而運氣比較差的命盤格式是『紫微在巳』、『紫微在亥』兩個命盤格式。因為這兩個命盤格式中空宮較多，而且命盤中有較多的星曜居平或居陷。四個空宮弱運的年份連在一起，再加上廉破運，就一連五年沒有好運氣、好日子過了，這是非常辛苦的。其他八個命盤格式都有兩個空宮弱運，算是一般普通的運氣了。

第一節　什麼是造運？

『造運』，就是利用命盤中的運星在居旺的時候，來更增加旺運的機會，使自己推向高峰。

又如何『造運』呢？

其實運氣不必自己造，它早就等在那裡等你了！怎麼說呢？當你命盤中的天機星、貪狼星居廟、居旺，或居得地合格以上的旺位的時候，你就已掌握了製造變化上的好運，以及擁有因人緣、敏度感及強悍想攫取的貪心所共同形成的好運。前者指的是天機星的特質，後者指的是貪狼星的特質。

現在分別來談談『天機』和『貪狼』在運氣方面所代表內容不一樣的地方。

天機星

天機星，在斗數中稱為『兄弟主』，主四肢。它內在的含意非常多。現在我們只談它在運氣方面的含意。

天機星，是智慧之星，主變化。剋應在事物上主驛馬、思想、哲學、計劃、企劃。主聰明、精明、反應快，腦筋靈活，有時太自做聰明，聰明反被聰明誤。多計謀、神經質，愛鑽牛角尖，三分鐘熱度，容易見異思遷，愛變化，也容易有是非。動作快，是手腳俐落。

天機星和貪狼星同樣都是速度快，動感迅速、活躍的星曜。但其動感和貪狼是不一樣的。天機星是頭腦聰明和手腳快速的動感，是一種製造變化，引起是非，在變化的過程中沒有固定曲線，忽好忽壞，也沒有規則頻率的變化。同時它也是在變化中沒有『目的』的變化。並且它也是在最後一刻，千鈞一髮時才變好的。

而貪狼星的變化則不然，因為貪狼星主『貪心』，因此是有目標、有目的，為了要得到某種東西而產生攫取心態的變化。是一種衝動力的變化。

貪狼星

貪狼星，在斗數中主禍福，亦是將星，有才藝，但是博學而不精深的才藝。貪狼星主好動、帶驛馬，腦筋好、反應快，愛求表現，主好爭。因為貪狼的基本心態就是貪心，因為『貪念』而帶動進取心，這也是貪狼本身為桃花星之故所致。貪狼又為偏財星，剋應在事物上就是慾念、貪念、賭博、喝酒及情色問題。因為貪念強烈的關係，所以做事潦草，想快速得到，速戰速決，性子急。同時貪狼也因貪念多、嫉妒心重，才會好爭。

貪狼星的快速動感是橫衝直撞型的，速度很快，但因有貪念，對某種事物的貪心，所以它在變化中是『目的』明確的。另一方面貪狼也是將星，是『殺、破、狼』一組力主運氣會因改變、變化而得到好運機會的一顆星，同時也具有強悍的、稍帶凶暴力量來攫取豪奪的一顆星。

貪狼星在人際關係中，因本身就是一顆大桃花星，所以在人緣機會中機緣很強。但貪狼是圓滑、滑溜的，不喜扯入別人的是非之中，它常像一條滑溜的魚，會迅速的從是非之地或是非之人的身旁逃遁，這是與天機星不一樣的地方。

貪狼星通稱『好運星』，主要是聰明和貪念結合在一起，有第六感，對人緣、錢財方面的機緣能掌握的關係所致。

天機、貪狼這兩顆運星同樣是居旺位以上的旺度，才能在運氣上給人帶來利益，才能為人『造運』。在居平、居陷的位置，反而是對人沒利益或有傷害的，就成為『刑運』的位置了。倘若它們再遇到羊、陀、劫空、化忌，那是真正的『刑運』。

天機、貪狼兩顆運星，如果帶化權、化祿、化科也是特別具有造運的強勢力量的，這比此兩顆星在只有旺位的位置上的層次是更高的。造運力量也是所向披靡的。

天機星的造運能力

天機居廟

天機居廟時，在子、午宮：此時它的對宮（遷移宮）是巨門，因此它是能在是非、混亂中產生變化，使人能利用聰明才智而脫困。此時的變化是愈變愈好的，能替人製造新的、好的機會、運氣。

天機居廟化權在子、午宮時：是聰明度更高，而且具有掌控力量，能強制使別人納入你的變化軌道之中，隨你一起產生相同頻率的變化。而且你也能運用自己的能力扭轉乾坤。

以前我多次提到謝長廷競選高雄市長時，選戰艱苦，最後即利用此天機居廟化權的力量扭轉乾坤，即是此例。並且它也正符合了在千鈞一髮時變好，得到勝利的特性。

天機居廟化祿，在子、午宮：天機是聰明智慧的星，化祿也會帶給人聰明和人緣，以及財祿機緣。所以這是雙重聰明的組合，它的造運能力就是在變化中利用超級聰明並兼顧了人緣和財的獲得，而使自己有利的一種轉變力量。當然，它兼顧的內容太多了，既要讓運勢變好，又要有人緣，又要得財，所以能力是有限的。因此它在財的部份是不太多的，人緣的部份也普通，最重要的是在運氣方面變好是很有力量的。

※普通天機星是不帶財，也不帶人緣的。天機星總和巨門星在對宮或同宮或四方三合地帶成為一組，所以天機星事實上是受到巨門星的影響很深的，也帶有是非、多災的一些特質的。

天機居廟化科在子、午宮：天機是聰明智慧星，帶化科也十分適合。它會在變化中幫助人有聰明智慧來解決事情。當天機化科在子、午宮時，對宮有巨門居旺化忌，表示其外在的環境不佳，多口舌是非糾纏，或有災禍降臨，因此須要其人有特別解決問題的能耐。這種『科忌相逢』的格式，實際上化科的力量是弱於化忌的力量的。再加上，對宮是巨門這顆製造是非、災禍糾纏的星。化忌也是咎星，也會製造是非災禍，這是雙重的是非災禍，也算『雙忌』。這不是天機化科所能力挽狂瀾的，因此『科忌相逢』仍是有災的，仍是不吉的了。很可能天機居廟化科只是很巧妙的躲過『雙忌』，並不正面回應治理它而已。

天機居旺

天機居旺、巨門居廟同宮在卯、酉宮：此時因為居旺的天機和居廟的巨門同宮，表示能演變至好、至順利的變化，是和口舌是非，災禍在一起的。因為巨門居廟時，是口才厲害的，災禍略少的，因此這也代表是可利用口才、辯才能使事物的變化轉變成有利的形勢。這就是造運的新企機了。

天機化權、巨門同在卯、酉宮：此時是主掌轉變的控制權很強，雖有是非、災禍，但能利用這種是非、災禍的發生而使自己得利。所以這也是天機化權強勢的力量製造對自己有利的形勢。吵架會贏。

天機、巨門化權同在卯、酉宮：此時是口才、辯才好，可利用口才上的主控力量讓別人信服，再產生對自己有利的變化。此時天機的力量沒有巨門強。用言語去爭鬥及吵架都會贏。

天機化祿、巨門同在卯、酉宮：此時是利用聰明、才智和人緣，以及得財的機運，在是非、糾紛、災禍中，再利用一些圓滑的口才、機巧的、閃躲的、製造對自己有利的好運。會敉平吵架。

天機、巨門化祿在卯、酉宮：此時是用聰明的頭腦，巧言令色的、甜言蜜語的、帶點是非的去創造變化的新機運。

天機化科、巨門化忌在卯、酉宮：這是『科忌同宮』的形式。表示在此時，在此人的頭腦中是聰明，會做事，有方法，但思想上是怪異，思路和一般人不一樣，並存著扭曲的，容易製造是非、糾紛和災禍的思想方式。常常其人的聰明、能幹會被怪異、不合常理的思想和狡辯所壓制住，所以仍然是災禍頻仍，頭腦不清楚的狀況。

天機居得地之位

天機居得地、太陰在寅、申宮：此時有兩種狀況。在寅宮，代表變化起伏不停，時陰時晴，聰明才智在中等層次，但最後能因內心的敏感，一板一眼的使變化變得順暢，在女性的助力下，仍然是有財祿，有人緣的。在申宮，代表變化起伏不定，節奏感錯亂，聰明才智在中等層次，但最後因敏感性不足，又因與女性不合，變化雖在繼續運行，但是沒有財祿，也沒有人緣的。所以這是愈變愈不好的。

天機化權、太陰在寅宮：表示運氣的變化力道強，有主控力，有權力，使其愈變愈好，愈有財祿，也愈有人緣。主要的機運在於變化上。

天機化權、太陰在申宮：表示運氣變化的力道仍很強，也有主控力，可運用權力使其變化好，但是本身的敏感力不佳，又與女性不合，本身的財祿少，人緣也不太好，故雖有機運，但結果是不太好的。

天機化忌、太陰化權在寅宮：表示運氣起伏不定，愈變愈有是非災禍，但能掌握敏感力，也能掌控財的獲得，再加上對女性的主控力，以及在人緣上的主控力。但是此種變化是財的部份會有，其他的事物都不吉，會被是非、災禍所纏。

天機化忌、太陰化權在申宮：表示運氣起伏不定，愈變愈有是非，再加上能掌握本身的敏感力不足，掌握到財和人緣的部份也少，對女性的主控力也小。故此種變化的運氣是會因頑固和敏感力不足而是非災禍多的。

天機化祿、太陰化忌寅宮：表示頭腦聰明、機緣好，類似薪水及暗藏的財多，與女性的關係卻時有是非，機運雖好，但錢財有是非不吉，所以最終的結果仍不好，化祿無用。是『祿忌相逢』，以『雙忌』論。

天機化祿、太陰化忌在申宮：表示頭腦聰明，人緣略好，薪水及暗藏的財卻少，與女性的關係又差，對財的敏感力也差，常出錯，所以只是表面機運不錯，但實質問題很大，很不順的，錢財又有困頓現象，是『祿忌相逢』。

天機化科、太陰化祿在寅宮：表示具有聰明和能幹、機緣普通，尤其和女性很和諧圓融，敏感力強，得財也多，所以這是愈變愈好、愈有力的。

天機化科、太陰化祿在申宮：表示具有聰明和能幹，機緣普通，和女性雖不錯，但只是表面化，不深刻，財也略有，敏感力淺薄，所以運氣的變化是往好的方面變化的，但層次很低，只是略好而已。

天機居平

天機居平在巳、亥宮：此時天機因對宮太陰旺弱的影響，而影響到其運氣，例如天機居平在巳宮，對宮為太陰居廟，所以天機居平時，原是運氣愈來愈壞了，但因環境中是多財、多溫柔的情感世界，所以天機居平在巳宮的運氣會高過天機居平在亥宮的運氣。天機居平在亥宮，對宮是居陷的太陰，表示財少，環境又不佳，沒有溫情，也沒有敏感力，情況很差，是愈變愈壞的狀況。

天機居平化權在巳、亥宮：天機居平，可以算是陷位了，表示天機本身的活動力不足，在變動、變化的機制上能力不好。化權是一種主張強制的力量，主控力量。綜合起來說，就是一種心有餘而力不足的狀況。強制想要掌握變動的權力，但因本身的活動力不足，因此化權的力量很小，成果不彰。

天機居平化祿在巳、亥宮：天機居平活動力不足，有化祿只是稍增一些人緣桃花的色彩，但仍覺不強的，在財方面也極少。在運氣方面，天機居平化祿，表示用一點小聰明，可讓人緣機運稍順一點，仍不能達到吉祥的境界。而且對宮有太陰化忌相照，所謂的人緣關係也只屬於是和男性的人緣關係稍圓融，和女性的人緣仍不佳，且多是非糾紛，在錢財上也不順利，有金錢困擾。

天機居平化科在巳、亥宮：天機居平帶化科時，原本是一種智慧能力不高的能幹型態。因為天機化科在巳、亥宮時，對宮有太陰化祿相照，因此天機居平化科在巳宮較好，相照的太陰居廟化祿，會帶給你很大的財利和人緣機會，天機居平化科若在亥宮，因對宮相照的太陰居陷化祿帶的財少，因此在亥宮『科祿相逢』的格局，是沒有太大力量變化，得財也不多，有些停滯的狀況了。

天機居平，天梁居廟在辰、戌宮：這表示有小聰明，不見得有大智慧。天機、天梁同宮主要是受天梁蔭星的庇佑照顧而平順，天機居平時活動變化的能力差，有愈變愈壞的趨勢，而天梁星是復健之星，能把頹勢扳回來，所以機梁的運氣就是：起起伏伏，不好了，再救回來的運氣。機梁坐命的人，也一生在這種起伏變壞再救回來的狀況中循環。很多書稱『機梁』有師格，也就是遇到的狀況多了，遇到災禍和壞運的時候多了，自然就有經驗成為能教人家躲避的方法能做老師了，這就像『久病成良醫』一樣的意思了。

天機居平化權、天梁在辰、戌宮：因天機居平，帶化權，主控力不強，但是頑固、堅持主宰變化的權力。這是具有危險性的，因為天機居平時，變化是愈變愈有往下的趨勢，再強力主導變化，再用蔭星來救助，其結果也不甚好，故此種天機化權、天梁在辰、戌宮所代表的運氣不算是頂好的運氣。

天機居平化祿、天梁化權在辰、戌宮：這是乙年生的人有這種運氣。天機居平化祿雖然帶財不多，但天梁是居廟帶化權，領導能力就非常強了，復健的功能也特強，有主控掌握的力量。在這個『權祿相逢』的格式中，是所有機梁運氣中最佳的格式。它表示智慧及活動不高，但略有人緣，又有強勢的蔭福力量來照顧、趨吉，所以還是吉多的現象，但主財的成份十分少，而且要注意言詞誇大，愛說大話，不實在的情形。

天機化科、天梁在辰、戌宮：因為天機是居平化科，活動力和主掌變好的能力較薄弱、化科是文星，主文化氣質、才能，故天機居平化科只是略具文質的外表，實際上運氣在變化中是略微朝不吉的方向變化的，而靠天梁再恢復、復健回來。所以這也是個先轉壞再變為平順的運程。

貪狼星的造運能力

貪狼居廟

貪狼居廟在辰、戌宮：貪狼是好運星，在辰、戌宮居廟時，對宮有居廟的武曲星相照，表示環境中多財富，因此貪狼在辰、戌宮的造運能力是富貴皆高的一種好運能力。貪狼星一顆好動的星，動感頻率很快速，也是具有人緣、桃花的星，所以它的好運是夾帶著這兩種條件，在性格剛直，又非常富有的人群中尋找機會，當然它得到的錢財就會最多，機緣是非常不錯的了。

貪狼居廟化權在辰、戌宮：貪狼居廟化權是比貪狼單星居廟更有力量的。而且是更帶有好爭、貪心，一定要得到手的主控權。因為貪狼居廟，所以化權星的層次也高在廟位了，力量就超級大了。在好運機緣的造運能力就超強到沒有不成功的地步，自然能得到財富的能力也超強，創造財富的價值也超高了。

當有貪狼化權在辰、戌宮時，對宮必有武曲化祿相照，這是『武貪格』最強勢的格局，會創造第一等、最高層次的暴發運和偏財運。也會創造世間的億萬富翁。你說，這極強的造運能力，是不是所向披靡的呢？

貪狼居廟化祿在辰、戌宮：貪狼居廟化祿在辰、戌宮時，因對宮有武曲財星，所以貪狼的造運能力多偏向財富方面，專注於財富的獲得。它所形成的『武貪格』偏財運及暴發運格，也能創造億萬富翁，但在升官或事情順利的運氣方面是略微低於前面貪狼化權的。不過也是極高的造運超能力了。

武貪在丑、未宮：武曲、貪狼在丑、未宮時，是武曲、貪狼雙雙居廟的狀況。這也表示貪狼的造運能力是和財富並存的。

武貪同宮也是『武貪格』暴發運、偏財運最基本的形態。所以此刻貪狼極高的增加好運的力量，也是突然向上衝，創造極大財富，把一切注意力都轉移到財富上來的造運力量。

武曲化祿、貪狼化權在丑、未宮：這也是一組有極強暴發運型態運程的星曜。凡是命格是如此的人，也無不是億萬富翁，而且是白手起家，自己靠自己的暴發運而形成的億萬富翁。這和前面所說之『貪狼化權在辰、戌宮，有武曲化祿相照』之命格不一樣。在辰、戌宮的貪狼化權之命格是出生時，家中就很富有了，當然再成為富翁是輕而易舉之事。而在『丑、未宮的武曲化祿、貪狼化權』之命格的人，出生時家境不好，只是靠自己命格的特性，發展，創造出自己能成為富翁的人生。因此造運能力更是超強了。

武曲、貪狼化祿在丑、未宮：這也是『武貪格』暴發運、偏財運的強勢形態，但主要暴發在錢財上。貪狼居廟化祿，造運的目的和關注點就在財富上，就算與政治掛勾，其目的仍是財。可創造億萬富翁的財富。

貪狼居旺

貪狼居旺在子、午宮：貪狼只有在子、午宮是單星居旺的。它的對宮是紫微官星，紫微也是帝座，代表最高層次。貪狼是好運星，所以貪狼在子、午宮的造運能力就是利用自己的桃花和速度快的力量，把一切都變高級，或升官有望，升大官，或使生活層次更高高在上，超出一般人很多出來。而且也是使萬事吉祥的造運目的。

貪狼化權在子、午宮：貪狼居旺化權，是強力主導好運、旺運推向最上層、最高級，層次的力量。因為對宮（遷移宮）是紫微的影響，它的起跑點、起運點就比一般人高，所以再加上化權的力量，肯定是推向層峰的形勢好運，但這個造運內容中沒有帶財的成份，這是地位高以後的附加價值，財祿是旺運附帶所擁有的東西。

貪狼化祿在子、午宮：貪狼居旺化祿，是好運兼帶財祿的造運機能。因對宮（遷移宮）是紫微，因此環境本來就居高了，再加上好運，旺運，兼帶財運，也就更高了。

貪狼居平

貪狼居平在寅、申宮：貪狼居平，運氣已不強了，再加上對宮（遷移宮）是廉貞居廟。這是一種爭鬥凶狠的環境，因此可以說根本沒有好運，造運機能是不佳的。是帶有『刑運』特質的運氣的。

貪狼化權在寅、申宮：貪狼居平帶化權，本身貪狼的好運不多了，又堅持有主控、主導的地位，其機能也是不足的。對宮又是廉貞居廟，表示明爭暗鬥的環境很凶悍，這種貪狼居平化權是不見得能鬥贏的，只是頑固死拚而已，因此也略帶有『刑運』的意味。

貪狼化祿在寅、申宮：貪狼居平帶化祿，本身貪狼的好運不多，但有化祿，可增加人緣、機會，也可利用桃花、人緣、圓滑的手段，來應付爭鬥多的環境，因此是對造運有利的。但對於財富的獲得並不多。

紫微、貪狼在卯、酉宮：此時是紫微居旺，貪狼居平，這是『桃花犯主』的格局。貪狼在好運機會上並沒有什麼造運能力，還是靠紫微來擺平撫平一切不吉的運氣。在這裡貪狼所展現的只有桃花、人緣，或好色貪杯的力量。因此也算是『刑運』的格局。運氣變好，是紫微的力量，不是貪狼的力量。

紫微、貪狼化權在卯、酉宮：此時是紫微居旺，貪狼居平化權。貪狼居平時，本來好運的造運力量便不強，帶化權，只是一味的頑固，一味的更具有貪念，貪的是桃花，和不實際的掌控權，在造運能力上並不好，常會偏向邪淫。如果是做軍警業的人，可能貪狼居平化權會為他帶來利益。其他的人，就只有好酒貪杯、貪女色的好運了。

紫微、貪狼化祿在卯、酉宮：此時是紫微居旺、貪狼居平化祿，此種造運力量偏向人緣、桃花、女色或享受方面，帶財的部份其實很少，主要也是靠紫微的力量使一切平順享福而已。

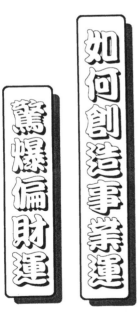

第二節 『刑運』的格局對人生的影響

什麼是刑運的格局及改善方法

『刑運』就是命盤中的運星受到剋制、不順。也就是說原本好的運氣，受到羊、陀、火、鈴、化忌、劫空的刑剋而不順利，變得不好了。或是主星落陷，剛好走到衰運，也算『刑運』的格局。刑運的格局有很多種，除了天機、貪狼兩顆運星陷落或受到羊、陀、火、鈴、化忌、劫空的刑剋之外，其他還包括了『陽梁昌祿』格中的太陽、天梁、文昌、化祿等星陷落或受羊、陀、火、鈴、劫空、化忌戕害的情形。這其中有很多深淺不同的影響。大的『刑運』格局能使人一生受困，小的『刑運』格局能使人一時受困、受阻，這也是每個人必須瞭解、關注的事情。

現在先談天機、貪狼兩顆運星『刑運』的情形。

天機星的『刑運』格式

天機星的『刑運』格式分為兩種：一種是天機本身陷落時，運氣跌到谷底已經是最不好了，但是運氣好像還在變化，又愈變愈壞，使人好像跌進了無底的深淵一般，上不著天，下不著地，萬分痛苦，也不知道什麼時候才會回升運氣。其實你在走這個天機陷落運程時，只要努力保持鎮定，減少『變』的因子，凡事不要做決定，並且少惹麻煩，放鬆心情，反正已是跌到谷底了嘛！再壞也是壞，再痛也是痛，就沉潛起來，耐心等待，不久曙光就會露出，因為天機陷落運的下一個運程就是紫府運。天機居平運的下一個運程，一定是紫微運。所以平順、吉祥就在前面等你了。

很多人覺得天機陷落運已經很不好了，但是有某些人的天機陷落運中還夾雜著擎羊、陀羅、火星、鈴星、化忌、劫空，那真是壞運中的壞運了。這就是另一種的型運格式。這其中尤以天機陷落加擎羊的運程和天機陷落帶化忌的運程最差。現在來詳述之。

天機陷落加擎羊的『刑運』格局

天機陷落加擎羊的『刑運』格局，其實是雙重『刑運』的格局。本來天機陷落運氣已夠壞了，但還不停的往下變壞，再有擎羊這顆刑星同宮或相照，所形成的『刑運』方式，會使復建很難。擎羊所帶來的傷害很深，有血光的傷害，有變化愈來愈壞之中還再帶來爭鬥很凶悍的傷害。所以人在走天機、擎羊在丑、未宮的運程時，你會發現周圍凶惡的小人暗害你、鬥爭你，想置你於死地，非常凶悍，毫不留情的。而你怎麼反抗，怎麼想往上爬都沒有用。周圍就是那麼一種陰險的、惡毒的環境，像針一樣的刺你、折磨你，讓你生不如死。這種狀況其實只有一種方法可以擺平。那就是放棄爭鬥，逆來順受，接受現實，靜待時間的轉移。因為愈參與爭鬥，就是愈要變的意思，那麼就愈變愈壞。你的對手因為你還要掙扎，所以盯得你愈緊，愈是讓你窒息活不下去。因此放棄爭鬥，放棄改變，做龜息大法最好了，靜待下一個紫府運程的到來，就萬事趨吉解脫了。

天機陷落加陀羅的『刑運』格局

天機陷落加陀羅的『刑運』格局，主要的內容是運氣愈變愈壞，頭腦還笨，還頑固、想不通，還要在心中反反覆覆的自苦。還要想出改變的方法，結果是愈做愈錯的。這種刑運格局，其實是比前者『天機陷落加擎羊』危機上較不嚴重的格局。因為陀羅就是人們玩的陀羅，只會原地打轉，表示其人心胸不開闊，頭腦不靈光，會原地打轉，轉不出來，因此是代表一種『笨』的特質。這種『刑運』是因自己笨而產生的結果，是可以避免和想得開的，只要等時機轉好，就會改變好。

天機陷落加火星、鈴星的『刑運』格局

天機陷落加火星、鈴星的刑運格局，只是在不好的運程中太衝動，會引起血光和車禍受傷或生病住院等事情，情況比前者更輕一點了。只是『天機

陷落』的運程中原本就會窮困無財，此時會耗財更凶，這也是『刑運』對人生中的運程所造成的困難之一。

天機陷落加地劫、天空的『刑運』格局

天機陷落必在丑宮或未宮有地劫、天空同宮時，則另一個天空或地劫星，必在酉宮或卯宮出現，這也是在天機陷落運程的流運『命、財、官』中出現。因此這個刑運格局其實直接影響到本來已跌到谷底的運程，此時更虛空，什麼也抓不住了，不論錢財、好運，或轉變的機會等等，一切都落空。因此你一定要靜靜等待時間的轉移，等待下一個紫府運來平順你的心。此時最怕的是：你不知死活的還拚命耗財或投資，那表示你根本不瞭解自己的運程，已是這麼壞了，還要不知輕重，只有把錢財耗光光，不知你是否還會悔悟。

天機陷落帶化忌的『刑運』格局

天機陷落必在丑、未宮，再有化忌跟隨，表示運氣已極低落至谷底了，

還有許多的是非災禍繼續不斷的發生。有些是和人的糾紛問題，有的是錢財的問題，有的是病災、傷災、血光的問題，逐一不定。這要看在你的命盤中，也就是你的命格中那一方面最差？是金錢運最差？還是人際關係最差？還是健康問題或命格中有車禍血光、水厄、火厄為問題，這些問題會在天機陷落帶化忌的流運中顯現出『刑運』的傷害出來。所以在這個運程中，問題會出現在那一方面，其實你是可以心知肚明的、早早的預測出來的。當然在這些問題中也可能會兩三個問題一起併發，所以你要早做預防性的防範措施。例如：知道會在天機陷落化忌運中，會錢財不順的，早一點去積蓄儲存一點錢，或早一點去借錢，好整以暇的等待這個天機化忌的運程，自然在此運中錢財就沒問題了。倘若是病災，就早一點保養身體、鍛鍊身體、保持健康。如果是命盤中有傷災、車禍的格局，或是火厄、水厄的格局，就在這個運程中少去旅遊，在家中沉靜度日以避難。就是在家中也要隨時提高警覺，也要防到『閉門家中坐，禍從天上來』的危機。人只要小心度日，是可以避過很多災禍和難關的。

天機居平帶化忌的『刑運』格局

天機居平化忌在巳、亥宮：天機居平又帶化忌，是一種活動變化力不強，又帶有是非麻煩、愈變愈糾纏不清的狀況，這是『刑運』的格局。因為其對宮有太陰化權相照，這是『權忌相逢』的格式。但是天機居平化忌在巳宮或在亥宮是兩種不同環境的天機居平化忌。當天機居平化忌在巳宮時，其環境中是多財又能掌控財的環境，而天機居平化忌在亥宮是一種環境中財少，又想掌控財的環境。

而天機化忌是戊年所生的人才會有的，戊年的祿存在巳宮。所以當天機化忌、祿存同宮在巳宮時，祿雖不能解忌，而且對宮又有一個太陰化權來相照，形成『權祿』格局和『忌祿相逢』兩種型式，只要不是在子時、午時生的人，有天空、地劫雙雙同在巳宮或亥宮，形成『祿逢沖破』及『權力劫空』，權祿都會受到傷害。只要不是再有沖破格局的人，雖然運氣愈變愈差，但仍有財祿可進。只要小心傷災或工作不順利，或搬家、調職等問題就好了。

倘若『雙祿格局』、『忌祿相逢』、『祿逢沖破』等格局兼而有之的人，就是財來財去，或賺不到錢，人緣、機運皆不佳，頭腦笨，又自做聰明，往往更形招災，像辛巳年時，便有很多人走這個天機居平在巳宮的運程，因此你只要不變，保守一點，不要去刺激別人造成你本身變動的因素，就可平安度過。不過你想賺錢，想發展事業也沒那麼容易了。

天機化忌、天梁在辰、戌宮：這種『刑運』格式是因為天機居平又有化忌相隨，愈變愈壞，又多是非災禍，而且這是一種頭腦不清楚，行動錯誤，自找麻煩式的製造問題的『刑運』。天梁雖居廟，也難以復建成功。因為它還會自找麻煩。因此只能等待時間轉移過去。

倘若再有**天機化忌、天梁加陀羅同在辰、戌宮中**，則是雙重『刑運』的格局。這不但是因頭腦不清楚，更是因為愚笨，使本來運氣不好的狀況更雪上加霜，使壞運更拖延不去，使復建的情況更困難。

天機化祿、天梁化權、擎羊在辰宮的『刑運』格局：這種『刑運』格局，其實只刑剋於『財』的方面和『人緣』的方面。在這個運程中是爭鬥多而激烈的，但因天機居平化祿和天梁居廟化權的關係，使人在聰明應變的能力增高，而且掌握住極佳的權力和主導性、主控權，因此能應付擎羊的刑剋爭鬥。但是會顧此失彼，錢財和人緣依然會受到傷害。因為財運和人緣、機運是最稚嫩薄弱、經不起摧殘爭鬥的了。

天機化權、天梁、陀羅在辰宮的刑運格局：這種『刑運』格局，其實並不嚴重。天機居平化權，算是很弱的掌權方式了，力道不強，它是一種堅持要變，有些傾向不吉的方向在變，陀羅使變化變得複雜、拖延、使復建緩慢，但終歸還是要變好的。天梁居廟仍是有用的，只是過程繁複一點，問題不大。

天機在得地之位的刑運格局

天機化忌、太陰化權在寅宮：此是『權忌相逢』的刑運格局。天機在得地合格之位帶化忌，表示事情的變化起伏多，而且夾雜著是非糾紛和災禍。而太陰居旺化權，代表在錢財上的掌握。也就是說在此種『刑運』的運程時，用你所能掌握到的錢，和對女性有主控力、說服力，用錢和女性去抵制、制服在頻頻轉變、多災多難或是非糾紛的狀況會有效的。所以，這種『刑運』格局，你最後還是損失到錢和人緣關係。

天機化忌、太陰化權在申宮：這也是『權忌相逢』的刑運格局。這種狀況和前者不同的是有太陰居平化權，表示本身的財少，有化權也無多大用處，再加上敏感力不佳，只是一味固執，對女性也沒有說服力和主導力量，因此這種『權忌相逢』只能任由其是非災禍，變化起伏而無能為力了，在此處『權忌相逢』以『雙忌』論，是因固執、自做聰明或愚笨，使是非災禍更形惡化，故大不吉。

天機居旺的『刑運』格局

天機、巨門、擎羊在卯宮、酉宮：這個『刑運』格局主要是擎羊刑剋到天機星了，巨門是暗曜、隔角煞，它會和擎羊一起作亂。也就是表示在非常多的是非鬥爭中變來變去的意思。天機居旺是想往好的方向變的。巨門居廟又身具口才，像是也能利用口才幫忙把運氣變好。但巨門本身就是煞星，是隔角煞、是暗曜，喜做檯面下的事，所以它是搖擺不定的，它也會倒向擎羊，把運氣搞壞，所以這仍是個『刑運』的格局。在此運中，人會變得陰險、神經質，但仍不順，多是非災禍或傷災。

天機化忌、巨門在卯、酉宮：表示頭腦不清，使多變的運氣變化之中是非災禍更嚴重。巨門主是非災禍，化忌是咎星，也屬於是非災禍，因此是雙重的是非災禍，真的是『刑運』了。

天機化科、巨門化忌在卯、酉宮：這是『科忌相逢』的格局。因化科的力量並不強，也沒有頑固的成份，因此不能歸於『雙忌論』。但是巨門是隔角煞，好嫉妬，也屬忌星同類，故仍以『雙忌』倘若『天機化科、巨門化忌』入命宮，其人臉上會麻臉，或有胎記、疤痕，或身體有殘障。此種運程表示運氣多變，是有氣質、有變化、精明能幹的往好的方面在變，但仍有口舌、是非和災禍糾纏不清，所以仍是『刑運』的格局。

天機居廟的『刑運』格局

天機、擎羊在子宮：表示在無限往好的變化中，爭鬥也很激烈，很多。這樣會阻礙了變化的發展，會使運氣朝向趨吉變化中之吉運減低。因此這是『刑運』的格局。

天機化權、擎羊在午宮：表示爭鬥很多，但在運氣變化中有主導權、主控權，可利用運氣起伏的特質，把握時機而勝利。前面說過，謝長廷選高雄市長，就是利用其遷移宮中有天機化權、擎羊，並在走這個運程時而致勝的。

天機化忌、擎羊在午宮：這是雙重的『刑運』格局，表示頭腦不清、混亂，心中不安寧，再加上外界環境中爭鬥凶，而形成的變化不吉之現象。雖然天機是居廟的，想往好的方向變化，但帶有化忌，仍是離不開是非、災禍的困境，有擎羊是剋害更深的局面。

貪狼星的『刑運』格式

貪狼星的『刑運』格式也和天機星一樣，一種是貪狼本身陷落。一種是和羊、陀、劫空、化忌所組成的『刑運』格局。貪狼是好運星，遇到刑運，自然就不順了，這樣也會比別人又少了一個吉運的機會。而是貪狼也是偏財星，和武曲同宮或相照可形成『武貪格』，和火星、鈴星同宮或相照，會形成『火貪格』、『鈴貪格』，這三種格局都是暴發運和偏財運的基本格局。在大運、流年、流月、流日、流時，只要三個條件逢到，便一定會暴發旺運和偏財運，可多得財富或升官再得財。

倘若暴發運格中夾帶了『刑運』的格局，就會不暴發，或是暴發較小，或是暴發後又有災禍、是非跟隨而至，造成讓人遺憾的事情。

貪狼星是每個人命理格局中最大、最主要的運星，倘若有刑運格局，人生就少了很多的好運，要是跟命盤中貪狼居廟又無刑剋的人來相比，真像失去了半壁江山一般呢！

貪狼居廟

貪狼、擎羊在辰、戌宮：在此刑運格局中，貪狼和擎羊都是居廟位的。貪狼是將星，有其特殊的凶悍力，一般講起來，它較不怕擎羊這類刑星來刑剋。但是貪狼也是好運星，運氣容易被劫奪，所以刑運的情況仍是存在的。它會減緩貪狼的活動，會使貪狼多想、愛計較、猶豫不前，失去良機，失去了創造好運機會的時機。

貪狼、陀羅在辰、戌宮：此時，貪狼和陀羅也是雙雙居廟位的。陀羅有拖延、遲緩，自己困住自己，轉不出來，原地打轉的特性，因此它會牽絆住貪狼，使貪狼無法快速的活動來發展自己的好運機會。而且會更增貪狼的頑固和自以為是，獨斷獨行的性格。因此當貪狼和陀羅在一起，形成『刑運』結構時，是因愚笨的、頑固的、一味的用是非麻煩來糾纏自己的心，而得不到好運、旺運。有這種『刑運』格局是可以解的，只要做軍警業就不會發生刑剋運程的事，一般人在逢此『刑運』格局時，可多運動，操勞不停，亦可擺平此刑運而平順。

貪狼、地劫或貪狼、天空在辰、戌宮：有貪狼、地劫或有貪狼、天空在辰、戌宮這兩種刑運格局時，倘若所在的宮位是在命宮，則其福德宮會有另一個天空或地劫星。表示好運被劫走或架空了，而沒有這種特別的好運了。這是因為此人在頭腦中、觀念裡想得就很天真，看輕錢財，對別人防範不嚴，所以他們常常會上當，錢財受騙，拿不回來。也會理財能力不佳。在他們內心中是清高的，貪念也被架空了。因此得不得的到是無所謂的，此種刑運格局會影響其原來的『武貪格』會不發。

貪狼化忌在辰、戌宮：貪狼本來是好運星，在辰、戌宮又居廟位。好運、機緣是特別強的，但是有化忌相隨，也就有是非災禍，並且影響到人緣桃花的部份，機緣中就會有些就是惡緣了，狀況很不好了。但是此種貪狼居廟化忌，仍然比貪狼陷落化忌，在是非災禍方面要輕鬆，雖有不順，主要是在人緣、外緣和機會上有困難和瑕疵。在錢財方面仍可過得去。但是在暴發運和偏財運上則不發，或發了一點小財，但有災禍隨後而至。曾有人在貪狼化忌的流運中接到一筆生意，非常開心，隨即外出，但卻發生車禍，傷重住院，而且纏訟一年多。當然，貪狼化忌所主的災禍並不一定是車禍，但卻能確定的是必有口舌是非、爭執等事件。

武曲、貪狼、擎羊在丑、未宮：這是『刑財』也『刑運』的雙重刑剋。但如果是做軍警業的人則不怕。因為軍警業本身是個尖銳鬥爭的地方，而且軍警業類似國家的公務員，是拿月薪的制度，財富本不多，一輩子有薪資還有退休俸，只是不能大富而已，所以軍警業的人不怕有此格局。

一般人有武貪、擎羊時，在偏財運上會成為『破格』，仍是會發，但會晚發，或發得小。武貪受到擎羊的刑剋，財的部份會變小，運的部份會因多煩惱、躑躅不前，而得不到旺運，或使旺運減低。

武貪、陀羅在丑、未宮：這也是適合做軍警業便無礙的『刑運』格局。陀羅會延遲趨緩財運和其他的好運。但情況沒有擎羊嚴重。但仍算是『刑運』格局。

武曲、貪狼化忌在丑、未宮：這是『刑運』格局，但多少也會影響到財的部份。

貪狼居旺

貪狼、擎羊在子、午宮：貪狼在子、午宮為居旺，擎羊在子、午宮為落陷，所以這是『刑運』頗凶的格局。貪狼、擎羊在子、午宮時，對宮（遷移宮）是紫微，原本有很好的環境、很好的運氣，卻被刑星剋制，於是人緣也不好了，心機變多了，煩惱多了，機會少了，很明顯的失去大半的旺運。倘若命宮就是這種格局的人，你會很明顯的看到他比較矮瘦（比一般只有貪狼單星坐命的人矮）下巴較尖、比較內斂、心機重重，壽命也短，一生的運氣也並不順利，且多傷災、開刀、血光等事。

貪狼化忌在午宮：這種『刑運』的格局，直接影響到其人的外緣關係，其人會很保守，但仍會招惹是非、災禍，其人會心胸不寧靜，頭腦不清楚，常心頭亂紛紛的，做事沒有目標，從不覺得自己有好運。倘若命宮是貪狼化忌的人，一定會有專業技能，以薪水族的方式賺錢過活。

貪狼化忌、祿存在子宮：這是『刑運』兼『祿逢沖破』的格局。其人性格會更加保守、內向，不喜與人來往，但仍有是非、災禍上身。其人也會常心緒不寧，不過他愛賺錢，從不覺得自己有好運，只一味埋頭賺錢。若此格局在命宮出現的人，會做薪水族或小生意，辛苦勞碌的賺錢，樂在工作，不管其他人。這是祿存的影響，雖然『祿逢沖破』祿少了，沒法子成為極具有錢的富人，但祿存的保守、小氣、自顧自賺自己的錢的特質仍是存在的。

貪狼居平

貪狼、陀羅在寅、申宮：貪狼、陀羅在寅、申宮出現，對宮有居廟的廉貞，形成『廉貪陀』『風流彩杖』格，這是好色貪淫的格局。其人也必會因色情事件而敗壞人生。貪狼在寅、申宮已居平位，根本已無多少運氣了，又有陀羅居陷入宮，更是『刑運』。原本活動力、人緣皆不強的貪狼，又被陀羅扯後腿來牽制，自然更不利。此『刑運』格局如果在命宮，其人會長相矮醜，又愛作怪。外面的環境多爭鬥，一生無大發展。此命格以做軍警業較佳，有固定的薪資可過活。若做文職，會困苦。

貪狼、地劫或貪狼、天空在寅、申宮：貪狼在寅、申宮原本已無運可言了。再有地劫、天空同宮，對宮亦有另一個天空、地劫來相照，因此運勢全空。有此格局的人，一生無好運，心態清高，對財和運皆不重視，花錢無度，沒有計劃，一生隨波逐流，起起伏伏，也毫不在意。

貪狼化忌在寅、申宮：這種刑運的格局，會導至人頭腦不清楚，人緣不好，思想方式與常人不一樣，多是非、糾紛，也喜歡製造是非糾紛，一生心境不寧，喜歡搞怪，因為他的遷移宮（對宮）有廉貞星，在他的環境中就是一個爭鬥凶猛的世界，所以他也不喜放棄參與爭鬥的機會。這和有貪狼化忌在子、午宮的人是不一樣的。例如毛澤東就是貪狼化忌坐命申宮的人，長年的鬥爭和文化大革命，使中國一下落後五十年之多。

紫微、貪狼、擎羊在卯、酉宮：在這個『刑運』格局中貪狼居平、擎羊陷落，全靠居旺的紫微力挽狂瀾來撫平。但是仍然具有陰險、狡詐、沒有運氣，桃花轉向邪淫桃花，紫微只能使之略趨吉祥而已。

紫微、貪狼、天空或地劫在卯、酉宮：這個『刑運』格局中，雖然運氣已被劫空了，同時桃花也被劫空了，其人反倒是可以正派為人，稍具道德觀念，也會有格調，人品高尚、正派做一個平凡人了。但財祿少，思想清高，不重錢財、權勢。

紫微、貪狼化忌在卯、酉宮：此種『刑運』格式，會沒有運氣、機運，沒有人緣，多生是非，易生桃花糾紛，頭腦不清，思想偏頗，全靠紫微來撫平。此人一生不順，沒什麼好機會。錢財窘困，但喜歡享福，全賴家人來照顧，容易成為施暴別人的人。

貪狼居陷

廉貞、貪狼在巳、亥宮：貪狼居陷在巳、亥宮，必與陷落的廉貞同宮，這是極壞的壞運格式，因為這就是『刑運』的格局。貪狼落陷沒有人緣、機會，也失去運氣，是運氣跌到谷底。廉貞本也是桃花星，但居陷時為邪淫桃花，無正緣桃花。因此人在走廉貪運時，根本就是惹人討厭，行為粗鄙，到處不受歡迎的，沒有了人緣機會，當然賺錢就賺不到了，運氣極差。很多人在走廉貪的運程中生意倒閉、倒賬、欠錢不還、耍無賴。在廉貪運中也有很多人生意做不下去，失業，借不到錢，生活困難。辛巳年就是有許多走廉貪運的人，或是走空宮運有廉貪相照的運程。其實大家仔細想一想，許多人把蛇年叫做小龍年，把豬年當做金豬年，實際巳、亥年有那一回好過？都是倒霉的人多，經濟不景氣，失業率高的年份。這也是台灣普遍在人的命格中有廉貪運的人數多，而且是處於大眾勞工階層的人數多，因此逢到巳、亥年的廉貪運時便承受不了。

廉貪、陀羅在巳、亥宮：這是『刑運』加『風流彩杖』格。這個『刑運』的運氣比前面廉貪的運氣還低，還拖拖拉拉，不行正事，只喜歡色情淫邪之事。人在走『廉貪陀』的運氣時，運氣本來就很差了，容易失職、丟工作，還會有女人纏身，爆出桃花事件傷害名譽，或再丟工作。倘若『廉貪陀』坐命的人，又走此流年，強暴殺人的事件常會發生。因為本來運氣不好了，男人、女人都討厭他，自己又頭腦不清楚，愛做邪佞的惡事，此種下等命格的人，只有用惡劣的手法來滿足慾念了。

廉貪和地劫、天空同在巳、亥宮：這是四星同宮的『刑運』格局，也可能是廉貪同宮、對宮有天空、地劫相照的格式。這兩種同屬惡運的『刑運』格式。沒有人緣、機會，萬事皆空。賺不到錢、窮困，使人嫌惡。有些具有此種運程的人，又逢此運程時，會挺而走險，去搶劫犯案，因為他的心中感覺十分窮困，又想不出別的方法來賺錢。面目可憎，也沒有人肯幫他，因此挺而走險了。

廉貞、貪狼化忌同在巳、亥宮：廉貪本就是運氣低落、多是非的格局了，有貪狼化忌，是人緣更差，更讓人討厭，是非更多、災禍也更多，一點機會也沒有了。

第九章 『刑印』格局在人生中的影響

『刑印』主要指的就是天相和擎羊同宮的狀況稱之。

『刑印』的格局有很多種：有廉貞、天相、擎羊三星同宮的『刑囚夾印』。也有廉貞化忌、天相、擎羊的組合，更有『紫相羊』的組合，和『武曲化忌、天相』的組合。

『印』代表官印，代表權力、官位。『刑印』的意思，就是權力被刑剋剝奪了。有『刑印』格局的人就很難掌握權力。有此格局的人，不但在工作上很難做主管級的人。就算是坐上主管的位置，也做不好，常遭人非難，是非糾紛多，很容易就被人拉下位來。有此格局的人，在家中亦無法掌權，也無地位。雖為一家之主，但總是『妻管嚴』，沒地位。女性有此格局倒能一生和順、不爭、不鬧的，像小媳婦似的過一生。但是男性若是有此格局，在工作上的發展就不大了。而且有『刑囚夾印』的人，容易惹官非坐牢。凡是命宮有『刑印』格局，或是流年逢『刑印』格局的人，都會衝動犯事，有可能殺人、傷人而坐牢，也可能容易被人告，吃官司。並且命宮是『廉相羊』、『廉貞化忌、天相、擎羊』的人，身體易有傷殘現象，或臉顱有唇額裂的現象，一生會開刀多次。

『刑印』格局的內容和對人生的影響

天相、擎羊在丑、未宮：在這個『刑印』格局中，天相和擎羊皆是居廟位的。但仍會造成對人在權力獲得和掌權上的障礙，缺乏領導力。天相是勤勞的福星，擎羊是刑星。天相受擎羊的刑剋之後，人更操勞，沒有福氣。而且想得到的、得不到，非常痛苦。倘若此『刑印』格局在『命、財、官、遷』中，一生只能兢兢業業的做一個小職員，很難登上高位。流年逢此，也有不吉，會有生病開刀之痛。此『刑印』在夫妻宮，會找到陰險無福，或犯官非的配偶，夫妻感情不佳。亦要小心被配偶所殺害。

天相、擎羊在卯、酉宮：在這個『刑印』格局中，天相和擎羊雙雙居陷。若是在人命宮中，一生職位低落，能力差，沒有發展。適合做治跌打損傷的師傅，或做救難員、喪葬業，與血光為伍的工作。此格局在『財、官、遷』中也是一樣。在財帛宮中，錢財不順，也無法掌握家中經濟大權。在遷移宮或官祿宮中，亦為職低，無成就之人。有一位天象命理家陳靖怡因為夫妻宮是天相陷落、擎羊，被男友殺死。

紫相、擎羊在辰、戌宮：在這個『刑印』格局中，紫微、天相都只在得地剛合格之位，而擎羊都是居廟位的。因此擎羊的氣勢很強。天相和紫微都受到剋制，福星無法施福。紫微趨吉避凶，使平順的力量也變差了。這表示在官途上的權力和領導力有了障礙，因此如果是公務員及高層管理階級的人，在命盤中有此格局，逢辰、戌年就會有被撤職、削奪權力，甚至有官非制裁的問題出現了。那一年，你的眼睛也不好，身體欠佳，也會住院開刀，或有傷災，雖有學歷但並不順利。這主要是紫微也受到擎羊的剋害了，這像是被劫持的帝王而沒有大用了。

廉貞、天相、擎羊在子、午宮：這是『刑囚夾印』的格局。廉貞是囚星、天相是印星、擎羊是刑星。是兩個煞星夾一個印星、權星的意思。因此其人的掌權力量受到挑戰，而且在『刑囚夾印』之年一定會犯官司，有坐牢的事件發生。當然你應付的好，也不一定會去坐牢，但肯定是有官司纏身的事情。**有「刑囚夾印」格局在命宮的人**，是頭腦不清，一生不順的人，而且會陰險、巧詐、心歪，老是從犯法邊緣或法律漏洞上做出發點想事情。並且他們也會有身體毛病多，有血液的問題，營養不良的問題，或其他怪病的問題，並有開刀、傷災的問題。其人又在走廉相羊的運程時，心理更悶，更會糊塗犯事。一生的運程並不順利。

當夫妻宮有廉相、擎羊時，也就是夫妻宮有『刑囚夾印』的格局時，容易嫁娶到會犯官司坐牢的配偶。如果再有左輔、右弼同宮，會有多次嫁娶到會犯官司坐牢之配偶。曾經有一女子，夫妻宮是此『刑囚夾印』的格局，連續三次結婚，都遇到丈夫犯官司坐牢而終止婚姻。

當夫妻宮有『刑囚夾印』的格局時，表示其人內心是心思縝密，計謀很多，個性剛強、霸道、愛計較，但頭腦不清，衝動、敏感，又只想對自己有利的事情，是一種自私護短的心態。在交友時期，只要對方拿錢財或好處給他，從不管對方的行徑是否合法，同時他們也容易和黑道人士來往。所以在婚後二、三年便會爆發事情，配偶坐牢去了。或者配偶根本是經常犯案坐牢的人。所以夫妻宮有這種格局的人，首先要從自己的思想改起，才能免於這種婚姻的磨難。

廉貞化忌、天相、擎羊在子、午宮：這是『刑囚夾印』再帶化忌的格局。比前者更凶。在命宮時，其人定有傷殘，有出生時即會有唇額裂或四肢傷殘、缺少的情形，而且頭腦不清，心中煩悶，情緒不穩定，兼而有精神上之疾病。一生有多次開刀手術，做整形或其他病變的開刀，血光問題很嚴重。自然有此格局在命盤上任何宮位中，其人一生都很難有發展了。因為十二年逢一次的流年運，定會有重大的傷災，一生在醫院裡的時間多，身體上的痛苦也讓其人無暇顧及其他。

當夫妻宮有廉貞化忌、天相、擎羊時，不太會結婚，也最好別結婚，因為會頭腦不清，找到另一個一身傷病，或有精神病的配偶，也有可能是結婚或交往時沒發病，而結婚幾年後再發病，而拖累自己，讓自己痛苦一生。

『刑印』的格局，在普遍大眾中，雖不像『刑財』、『刑運』的人那麼多，但它也確實會影響某些人的人生。這也是我們在觀命、斷命時一項看出吉凶事件的方法。再利用精算流年、流月的方法，即可算出事件發生的時日出來，以為預防。

第十章　羊陀也各有妙處

在每個人的命盤中也都有擎羊、陀羅這兩個煞星存在。很多人跟我說：『老師！擎羊、陀羅這兩個煞星太討厭了，為什麼不能把它們從命盤中拿掉呢？』這真是非常天真的說法了。當然，羊、陀的凶悍和致凶的特質是人人討厭的。但羊陀也有激發人有毅力完成功業的力量喲！所以人不可一昧的討厭它。有時候，某些人也會因為羊陀的助力而有大成就，例如蔣夫人宋美齡女士是武貪坐命的人，有擎羊獨坐在遷移宮居廟。這本是軍人的強勢命格，但她在政治上艱險的環境中也十分合適。而且她一手創建了中國的空軍，從中國早年的買飛機，到建立空軍，都親自參與，對中國的建樹很大。可見擎羊對人的激發力也是很大的。

現在來略述羊陀在各宮對人生的影響

羊陀在各宮對人生的影響

羊、陀在命宮

擎羊星

當命宮有擎羊星的時候，其人會心思縝密，想得多，陰險，有計謀，心狠手辣。性格多計較、衝動，有決斷性、敢愛敢恨、剛硬、霸道、固執、記恨心強，必會挾怨報復，有理講不清，很容易感情用事，但處理事情非常乾脆，不拖泥帶水。凡事喜歡自己做主，不接受別人幫助。有神經質的傾向，會由愛生恨。也會注重眼前利益，沒遠見。

當擎羊獨坐居廟在丑、未宮命宮時，對宮要是相照的是武貪雙星，這是做軍警職為大將的命格。性格凶悍、強勢。遷移宮的武貪會給其人帶來極大的旺運和財富。清代的大將年羹堯就有這樣的命格，在戰場上會殺人如麻，容易致勝。一生的祿位高，但逃不過被殺的劫運。**當擎羊居廟在辰、戌宮入命**，對宮是機梁相照的人，這是陰險多計謀，能做軍師的幕僚人材。表示仍會是溫和、內斂、很會享福的人。這要看其人的身宮落於何宮，身宮落於夫妻宮的人，而夫妻宮中會有陀羅，只要找命中有陀羅坐命的人，便會一生幸福，否則會有感情問題，有殺傷力。身宮落於財帛宮的人愛財如命，但本命財不多，因為環境中的機梁不帶財，故會一生辛苦、怨恨多。身宮落在官祿宮的人，好名利、掌權，一生是非、口舌不斷，格局不大。身宮落在福德宮的人，愛享福，較懶惰，但一生也會較平順。身宮落在命宮和還移宮的人，性格尖銳、固執、自以為是，此命格較宜做外科醫生，獸醫。但命中有『陽梁昌祿』格的人，會有較高的資歷，一生的生活水準也會較高。

擎羊在丑、未宮坐命，對宮是同巨相照的人：此命格的人，要是再有化忌，或三合方位有火、鈴，就會身體有傷殘現象，需要開刀治療。有此命格的人一生不順，是非多。若命格中有『陽梁昌祿』格的人，也會生活水準高一點，具有知識水準。但一生心煩、不開朗。

擎羊在丑、未宮坐命，對宮有日月相照的人：此命格的人，是心情起伏大，很情緒化，眼目不好，身體多傷災、病災的人。同時在他的八字中一定是多陰干，甚至是八字全陰之人。也影響一生的運程。其夫妻宮是天梁陷落加陀羅，表示用盡心機，想得都是笨主意，對自己更不好。丁年生的人，會有天機化科，巨門化忌在財帛宮，一生金錢不順、是非多，也會賺不義之財。

擎羊在子、午宮坐命，對宮有同陰相照的人：擎羊在子、午宮是居陷位的，其人會更陰險，沒有法度。當擎羊在子宮時，對宮（還移宮）中的同陰居平陷之位，代表外界環境中無財、財少，因此其人會困苦。但他的長相是瘦弱稍矮，工作能力不強的人，有眼目之疾、頭痛，有病纏身。

擎羊在午宮坐命，有同陰相照的命格是『馬頭帶箭』格，可做邊疆鎮戍之將領。其本人個子矮小，但環境是溫和富裕、命好的人。前法務部長城仲模即是此命格的人。他是情報機構出身的人，正合此命格。擎羊善於鬥爭，有奇謀，但環境一定要好，才有機會發展，否則只是雞鳴狗盜之士。

擎羊在卯、酉宮坐命，對宮有紫貪相照的人：此命格中擎羊也是居陷位的。其中尤以擎羊在卯宮，命格較差，這是桃花犯淫，鼠輩宵小的命格。其人身材瘦小，獐頭鼠目，但有桃花運，而且好色，許多強暴犯有此命格。前些年有一殺死舞女的殺人犯即是此命格，而且犯案即在卯年。

在酉宮的擎羊坐命者，也會犯桃花，命格不高，但因酉宮屬金，擎羊也屬金，會好一點。在這些人命格中都有金木相剋的格局。一生成就不高，若有『陽梁昌祿』格的人，會在地位較高的時候才犯事，身敗名裂。

擎羊坐命在卯、酉宮，對宮有陽梁相照的人：這其中，以擎羊坐命酉宮，對宮相照的陽梁皆居廟位為最好，表示此人的前途較明亮一點，一生的貴人多，在某些好運的年份也會有官運（但必須有『陽梁昌祿』格），但做不長久，最終也會有殺身之禍。前桃園縣長劉邦友，他雖不是擎羊坐命的人，但是也是空宮坐命，對宮有陽梁相照的命格，有武曲化忌在僕役宮，最後因錢財問題遭人殺害。因此有擎羊在命宮的人更要小心了。

擎羊在卯宮坐命，有陽梁在酉宮相照的人，則是一生成就不大，人生較晦暗的人，容易落入黑道起起伏伏，最後也會有殺身之禍。

擎羊在卯、酉宮坐命，對宮有機巨相照的人：此命格的人，智慧較高，但多是非災禍，而且他們易於做智慧型的犯罪，是聰明反被聰明誤的人。他的財帛宮是天梁陷落，夫妻宮有陀羅，是頭腦偏執，對錢財沒有敏感力，又不知道如何能賺到錢？人緣不佳，機會不好的人。所以容易挺而走險。最後也易遭殺身之禍。

武殺、擎羊坐命卯、酉宮的人：前大陸中共領導人鄧小平即是武殺、擎羊坐命卯宮的人。這表示其人性格上是剛直、頑固多謀略、陰險的人，但一生的運程起伏大，要能堅持，有居心，終能贏得最後的勝利，但身體多傷災、開刀。這是非常強悍的命格，因為官祿宮中有紫微、破軍化權，故也能做大事業，因本命是『刑財』的命格，所以其本人在財富方面不計較，就可在政治上鬥爭勝利，這也必須參與政治工作才行的命格。

總而言之，擎羊在命宮居廟，對宮相照的星曜居廟旺的命格會較好，會有出息。擎羊落陷在命宮，對宮又有不吉的星曜或桃花星的命格則不吉。而且擎羊坐命的人，身體上多傷災，也容易有病痛、會開刀，或有頭部疼痛、四肢無力、神經質的毛病，眼睛一定有毛病，也會開刀。一生心情也會不開朗，多憂愁。

擎羊在兄弟宮：

表示兄弟很凶，兄弟間多爭鬥、不和睦。如果是擎羊單星居廟在兄弟宮，有兄弟一人，兄弟是陰險、自私、霸道、計較的人。若是擎羊單星落陷在兄弟宮，無兄弟。擎羊若與吉星同宮在兄弟宮，會有兄弟兩、三人，其中有與你關係很惡劣的兄弟，和你爭鬥多。同時也會表示你和平輩的關係中會有仇敵、不和的人。

擎羊在夫妻宮：

表示你自己本人就很自私、小氣、計較、神經質，而且會帶點陰險的意味。你結婚所找到的對象也會有這些特質，而且是臉龐下巴尖尖的。你們夫妻的關係是愛他入骨，恨的時候又欲其死。因此你也要小心配偶或情人將你殺害。尤其是夫妻宮的擎羊居陷時最易發生。倘若你的配偶或情人是做軍警職的人較佳，比較能躲過此一劫難。

擎羊在子女宮：

表示與子女的緣份不佳。擎羊居廟獨坐子女宮時，有子一人，是凶暴之子。擎羊落陷獨坐子女宮，無子女。若擎羊與吉星同宮在子女宮，吉星居旺的，也是與子女不和，子女間爭鬥多。

若同宮的吉星居陷的，再和擎羊同宮在子女宮，子女少，且成就差，會對父母不孝。若有『武殺羊』、『廉破羊』、『破軍、擎羊』在子女宮的人，會有一子，行為乖張，不服管教，也可能會殺害父母，要小心。

擎羊在財帛宮：

擎羊在財帛宮，就是『刑財』的格局。是在賺錢方面爭鬥激烈的賺法。倘若擎羊居廟，爭鬥起來還強勢一點。擎羊居陷就失去爭鬥的先機了，賺錢會份外困難。擎羊居旺和吉星同在財帛宮時，只是影響財賺得少一點，有一些問題會影響你進財，這些問題也可能是你自己觀念上的問題造成的。當吉星居陷再和擎羊同宮在財帛宮時，賺錢就特別困難了，因為沒有好的方法去賺錢。再加上競爭激烈，因此你很可能放棄不去賺。倘若此時身宮又落財帛宮，那你就是一生為財困擾、為財痛苦的人。

擎羊在疾厄宮：

此命格的人會身體多傷，易開刀，若與太陽同宮，會有高血壓、腦沖血、眼睛有疾等毛病。若與太陰同宮，有眼目之疾、身體下部陰寒，陽萎，生殖力不強等毛病。

凡有擎羊在疾厄宮，有大腸、肺部的毛病，有刀傷、車禍等金屬的傷害，也會四肢無力、短命等現象。

擎羊在遷移宮：

當擎羊在遷移宮時，其官祿宮必有陀羅星，而祿存會在僕役宮。這表示外界環境中爭鬥很凶。此人一出生便感覺到家庭中的氣氛不好，對他有剋害，因此離家發展較好，但是命格若是溫和命格的人，便無法脫離家庭，便非常痛苦了。例如日月坐命或同巨坐命的人，要是有擎羊在遷移宮中，他們就會很痛苦，而無法離開。並且家中父母也可能爭吵、離異，這也代表他的環境不佳。

倘若是強勢命格的人，險惡的環境反而對他有利，會激發他奮戰的能力，以及多思慮、多計謀，又會疑神疑鬼的防範別人，可以在政治圈或陰險的環境中生存致勝。也能造就出功業彪炳的人出來。前面說的蔣夫人宋美齡女士即是一例。

擎羊居廟在遷移宮中，環境雖險惡、多災，但比起擎羊居陷在遷移宮的吉度還是稍強的，較好一點的，爭鬥也會贏的。

擎羊在僕役宮：

表示有惡質的朋友和屬下會戕害你。你和朋友的關係不好，他們較陰險、會鬥爭你。同時你和平輩的關係是不順利的。

擎羊在官祿宮：

表示在工作上、事業上是爭鬥多、競爭很激烈的。因此可以說，在工作上的困難度是較高的。倘若是擎羊獨坐官祿宮又居廟的人，可做外科醫生、接骨師傅，做與血光有關的工作，或做情報偵密的工作，做軍警業也很適合。擎羊居陷時，也會做與血光、死亡相關的工作，例如喪儀社、傷難救助員之類的工作等等。

擎羊和吉星居旺同宮時，只會影響到工作上一些不順利，會有爭鬥之事。擎羊和吉星居陷同宮時，會因爭鬥多而凶猛，事業不順或沒有事業，同時其人的智力也會不高。

擎羊在田宅宮：

表示其人家中爭鬥多，家宅不寧，很可能沒有房地產。而且也容易住在墳墓邊，或三叉路口。其人的財庫有破洞，存不住錢，一生財起財落。

擎羊在福德宮：

表示其人很操勞，多計較、多想，自己刑剋自己。其人的命宮一定有陀羅星，表示此人有些笨，常把問題放在心中打轉、不說出來，以自苦為樂，所以也沒有福氣。其人一生精神不開朗，有心病。

擎羊在父母宮：

表示其人與父母不對盤，父母對他管束嚴，他很怕父母，常覺得父母讓他很頭痛，又無能為力來改善關係。是父母剋他。

陀羅星

陀羅在命宮：

陀羅就是人們常玩的陀羅，有原地打轉的特性。因此有陀羅在命宮的人，是一生奔波勞碌、波折很大、多是非、又頑固，容易犯小人，而且自以為別人不瞭解自己，凡事藏在心中不說出來，自以為是。愛記恨，又不服輸，容易相信剛認識的人，對自己家人不信任，容易被外人騙。陀羅坐命的人要離開家鄉，離開出生地和自己的家庭，出外奮鬥發展才好，否則不易發展，他們是六親無靠的人。且易有牙齒、手足之傷。有陀羅在命宮、身宮的人，多半會為養子，或為人招贅、二姓延伸，有殊殊巧藝維生。若在家中生活不離開出生之地，易惡死。有陀羅在身宮的人，易有背部隆起，俗稱『羅鍋』殘疾之身。

有陀羅在命宮的人，多有外虛內狠的特質，若是女性，因不易外出工作，故在家與家人不和、頭腦糊塗，常常做出不顧廉恥的事來。這是陀羅單星入命的女人會如此。如有吉星同宮則不然。

陀羅坐命最好的命格，就是陀羅在丑、未宮坐命，有武貪相照的命格了，做軍警業，會有大將風範，一生有多次暴發運可創造大功業。其次陀羅坐命申宮有同梁相照的人，是個子矮壯，但人緣好的人。以前的東北王張作霖就是陀羅坐命申宮，有同梁相照的人。他的財帛宮是太陽居旺化權、官祿宮是巨門居旺化祿，戎伍出身，在紛擾的年代裡為一方霸主，也算是傳奇人物了。

陀羅在兄弟宮：

陀羅單星居廟在兄弟宮，有兄弟一人。陀羅落陷無兄弟姐妹。陀羅和吉星居旺同宮，有兄弟二、三人。若陀羅和吉星居陷同宮，則只有一、二人。有陀羅在兄弟宮，表示與兄弟不和，兄弟是頭腦不靈活，有些笨，會有事放心中打轉，東想西想而不說出來的人，你與他在思想上不能溝通，感情不佳。事實上，你也懶得理他。

陀羅在夫妻宮：

有陀羅在夫妻宮的人，其人命宮一定有擎羊。表示其人情緒智商不高，心中常煩悶，想事情想不遠，又常內心自我打轉，百轉千腸，轉不出來。你會嫁娶頭顱和臉部都是圓圓的、頭大身壯的人。倘若配偶和情人是軍警業的人，你們比較能白頭到老，否則配偶做文職會有離異現象。

陀羅在子女宮：

陀羅居廟有子一人，子女是性格頑固、沉默內斂的人，也可能將來會有發展但與父母不親密。居陷獨坐無子。陀羅和吉星居旺同宮，表示子女有二、三人，子女中有冥頑不靈，較愚笨者，而且這個子女成就較差，也與父母不合。陀羅和吉星居陷同宮，表示子女有一、二人，但子女都是不聰明，又多心計的人，表面和內心都和父母不同道。

陀羅在財帛宮：

表示錢財有拖延、不順利之趨勢。這亦是『刑財』的格局。陀羅若居陷，財不順的狀況更惡劣。而且你是個根本不懂得賺錢之術的人。你的夫妻宮有擎羊，代表你在心態上和人格格不入，又多計較，想得多，不能與人為善，太注重自我利益，想不開，因此賺錢的機緣少。當陀羅和吉星居旺在財帛宮時，只是有拖延、拿不到錢財的事情發生。若陀羅和吉星居陷在財帛宮時，是本身窮無財，頭腦又不清楚所造成財的得不到。所以要多向別人去學習賺錢方法才是。

陀羅在疾厄宮：

此人自幼年起便多傷災，身體不好，有口、齒、牙齦方面的傷災、頭面有破相、手足有傷殘跌斷。亦會有肺部疾病。若與廉貪同宮，是『風流彩杖格』，會有酒色之疾。若與太陰居陷同宮，會有傷殘現象。與太陽居陷在亥宮有失明之虞。

陀羅在遷移宮：

表示外在的環境是笨拙，原地踏步型的、鄉土的、不進步的，因此一定要離鄉發展才有大前進。倘若你是武貪坐命的人，可做軍警業，有暴發運，再高升，亦能功成名就。但一定要離家才行。你一生在外傷災多，要小心。

倘若本命是日月坐命或同巨坐命的人，遷移宮是陀羅時，你便不一定會離家發展了，所以你的環境造就你一生平凡，沒有好運。

凡陀羅在遷移宮時，其財帛宮有擎羊，表示賺錢機緣不佳，多競爭和爭鬥，倘若腦子再被陀羅影響又笨的想法，自然財運會更不佳。

有陀羅和吉星居旺同宮在遷移宮，陀羅的影響小，只是有傷災，和耗財、頭腦偶而笨一下而已，情況不嚴重，若是陀羅和吉星居陷同宮在遷移宮中，頭腦不靈光的情形較嚴重，財祿的獲得也更減少。

陀羅在僕役宮：

此格局表示你的朋友都很笨，並且頑固，有自己的想法，你很難說服他。你與朋友、部屬的關係不太好，溝通不良，說也說不清楚。而且朋友使你耗財，會對你不利，或陷害你，常會遭怨，或東西遺失。有吉星居旺與陀羅同宮，只有少數的一、二個朋友對你不好，有吉星居陷和陀羅同宮，對你不好的人較多，你要小心一點。

陀羅在官祿宮：

陀羅居廟獨坐，以做軍警業較有發展，否則會做粗工與金屬材料、刀、劍相關的工作。陀羅居陷在官祿宮，會做與血光、災禍、死亡、髒亂有關的工作。例如宰殺豬、牛的屠夫、醫院整理清理、處理廢棄物、墓地、葬儀社等相關的工作，職位低下。有吉星居旺與陀羅同宮，只是學習能力差一點，頭腦不靈光一點，但只要努力工作上仍會有成就。有吉星居陷和陀羅同宮，職位低，成就也少。

陀羅在田宅宮：

陀羅居廟獨坐，是先敗後成，老年時才會有不動產。年輕時房地產留不住。陀羅居陷獨坐，是祖業飄零、辛勤過日子，沒有不動產的狀況。有吉星居旺和陀羅同宮，只是房地產有起伏虛耗而已，仍會有房地產留下來。有吉星居陷和陀羅同宮，表示本來家產就不多，再加上耗損，家財更少，有陀羅在田宅宮，表示其人財庫有破洞，存不住錢。而且其人的住家雜亂，不講究，有殘破現象，也會住在有墓地或亂石堆起的地方。

陀羅在福德宮：

此命格的人會一生操勞心情煩悶，精神長期不開朗。因其官祿宮會有擎羊，工作、事業上多爭鬥，因此心胸放不開。又以陀羅居陷獨坐較嚴重。一生多是非波折很大。若有吉星居旺和陀羅同在福德宮，尚可偶而得到舒解。若吉星居陷和陀羅同宮，則一生不開朗，一享不到福，財也會變少。

陀羅在父母宮：

表示父母比較笨，智商低，沒有你聰明，而且你們溝通不良，父母心情不開朗，也不會向你關注，只會默默的旁觀，對你沒有助益。通常，此種父母都是知識水準較低的人。倘若有吉星居旺和陀羅同宮時，只表示父母知識水準不高，沒有主意，但仍與你和諧相處。當吉星居陷加陀羅在父母宮，表示你與父母感情差，彼此心中有芥蒂、有恨，很難溝通。

由以上得知，羊、陀在六親宮中都代表不好的意義。只有在命宮、遷移宮或官祿宮才有反敗為勝的機會和毅力。羊陀在財帛宮中雖有阻礙錢財的獲得，但若是主貴的命格，又不重錢財的話，一樣能在事業上打拚，出人頭地。夫妻宮有羊陀的人很會計較，若有『陽梁昌祿』格，也能和人競爭得勝，是利於打拚的。不好的地方，是會阻礙前程的，端看你會如何使用它，以及羊、陀在命盤中所呈現的格局而定了。

第十一章 『陽梁昌祿』格對人生的影響

『陽梁昌祿』格在人生中具有重要地位，是不可置疑的。它可以讓人有勤於學習的能力，也帶給人智慧、人緣、長輩緣、貴人運、讀書讀得好，有考運，以及使人帶有較高尚文質的氣度，和無限光明的前途。並以此種能力而得財，使生活水準抬高，不同於一般中下階層的人。所以『陽梁昌祿』格就是一種自然增長人身份地位的格局。有一些人在最初出生的家庭中不是很優秀的，也可能是家庭窮困的，但是倘若時辰生的好，在命盤四方三合地帶形成完美的『陽梁昌祿』格，在未來成長的過程中就會被引領至追求展現高智慧的領域之中，按部就班的讀書學習，最後也能根據自己所學習的智能，發展事業，得到較高、較豐裕的生活。

以前曾有學生問我說：『老師：會不會有些人有『陽梁昌祿』格，但是幼年家境不好，沒有機會唸書，而浪費了『陽梁昌祿』格呢？』

我說：『那這個人的『陽梁昌祿』格中一定有許多個星是居陷位的。』

這位學生仔細去查了一下，果然是如此。

『陽梁昌祿』格包括了太陽、天梁、文昌、祿存或化祿等五顆星。其中只有祿存是不會居陷的，它在十二個宮位中皆居廟位。而化祿依跟隨的主星有十種化祿。格局中祿存和化祿可相互替換。所以此格局中只要四個主要的星，如太陽、天梁、文昌、祿存在三合四方宮位出現即可成格，而太陽、天梁、文昌、太陰化祿在三合四方宮位出現，也算是完美的『陽梁昌祿』格。（有關『陽梁昌祿』格的應用，請看法雲居士所著《好運隨你飆（全新增訂版）》及《如何創造事業運》二書，有詳細圖解說明。）

倘若你只想在自己的命盤中找找看有沒有『陽梁昌祿』格，或是想知道自己到底有沒有讀書運、考試運？只要去從命盤上四方三合的宮位找一找便知道了。

但是，『陽梁昌祿』格不是這麼簡單的找到就算完了。我們要看命格，還要兼看『陽梁昌祿』格中各星的旺度，才能定出『陽梁昌祿』格的層級出來。此格局最好的層級就是『陽梁昌祿』格中每一個星都居廟位，這就會有很好的學歷，最高的知識水準，以及無限延伸的前途或官運了。目前在高科技公司中做總裁的人，例如台積電董事長或其他科技公司的人員，大多有『陽梁昌祿』格。『陽梁昌祿』格完美的，做主管和大公司老闆才做得長久。相對的，『陽梁昌祿』格不全美的人，在逢弱運時，就會垮下陣來。或是遲遲不開運，急煞人也！

我們看馬英九先生的『陽梁昌祿』格全在卯宮中，有太陽化祿、天梁全是居廟位的，只有文昌居平，但這已是官途、前途遠大的歷程了。

※太陽居廟、居旺，代表前途光明、運氣明亮大好。

※化祿代表有財祿。太陽化祿，代表做公職的財祿。祿存也代表財祿。

※天梁代表貴人運，蔭福，及考試運。

※文昌代表精明的學習能力，代表文化的潛質。

有『陽梁昌祿』格中，以四星全都在旺位、廟位為第一等級的『陽梁昌祿』格。太陽、天梁是最重要的主星最好別落陷，要以居旺位以上，才會有遠大的前途和好運。倘若文昌是陷落的，表示聰明、文質的讀書能力還不夠，很容易後繼無力，大約最多唸到大學，便不想往下再讀了，很難拿到博士學位。倘若化祿的主星是財星居旺，例如太陰居旺化祿，表示因『陽梁昌祿』格所得到的財還不小，會有高水準的富裕生活。倘若化祿的主星是財星居陷或是不帶財的主星居陷，此人的『陽梁昌祿』格，則無法為此人帶來較多的錢財了。

還有些人在格局中是『陽梁昌』皆有，但獨獨沒有祿（沒有祿存及化祿在格局中），這種命格，即使其人再會唸書，亦可能為寒儒，而無法以此格局來得財了。其人的生活水準就極低了。

折射的『陽梁昌祿』格

『陽梁昌祿』格的型式很多，在許多名人的命格中我們可發現還有所謂的折射的『陽梁昌祿』格。例如蔣夫人宋美齡的命格中，『陽梁昌祿』的組成，是由寅宮的太陽和申宮的文昌相照。再由申、子、辰一組三合宮位來組成的（天梁在辰宮、太陰化祿在子宮），如此就算是『折射的陽梁昌祿』格了。這個格局中幾顆星皆在廟旺之位，文昌也在得地的旺位，因此會在那個年代，在美國的女子大學讀書，是非常不容易的事了。

另外例如前總統李登輝命格中的『陽梁昌祿』格是由命宮中的天梁化祿，和對宮太陽（子午宮相沖照），再和『申子辰』一組三合宮位所形成。文昌在辰宮。這其中天梁化祿是居廟的，文昌也在得地合格的旺位，只有太陽在陷位，最後雖有博士學位，但歷經波折，而且是在四十二歲以後才發跡的。（這也是折射的『陽梁昌祿』格）

馬英九先生 命盤

遷移宮 天機 辛巳	疾厄宮 紫微 右弼 壬午	財帛宮 陀羅 天鉞 癸未	子女宮 破軍 火星 祿存 左輔 甲申
僕役宮 七殺 天空 庚辰	陽男 庚寅年		夫妻宮 擎羊 乙酉
官祿宮 太陽化祿 天梁 文昌 己卯	土五局		兄弟宮 廉貞 天府 鈴星 丙戌
田宅宮 武曲化權 天相 戊寅	福德宮 天同化科 巨門 天魁 天刑 己丑	父母宮 貪狼 戊子	命宮 太陰化忌 文曲 丁亥

蔣宋美齡女士的命盤

官祿宮 紫微 七殺 火星 陀羅 左輔 天馬 <身宮> 乙巳	僕役宮 文曲 祿存 紅鸞 丙午	遷移宮 擎羊 丁未	疾厄宮 文昌 戊申
田宅宮 天機化科 天梁 甲辰	陰女 木三局	1897年2月12日寅時	財帛宮 廉貞 破軍 天鉞 右弼 天空 己酉
福德宮 天相 癸卯			子女宮 天刑 庚戌
父母宮 太陽 巨門化忌 天姚 壬寅	命宮 武曲 貪狼 癸丑	兄弟宮 天同化權 太陰化祿 鈴星 陰煞 壬子	夫妻宮 天府 天魁 辛亥

李登輝總統的命盤

兄弟宮 天相 天鉞 天空 地劫 紅鸞 乙巳	命宮 天梁化祿 陰煞 解神 天福 〈身宮〉 丙午	父母宮 廉貞 七殺 火星 天刑 丁未	福德宮 封誥 戊申
夫妻宮 巨門 文昌 甲辰	陽男 水二局		田宅宮 鈴星 沐浴 己酉
子女宮 紫微化權 貪狼 天魁 咸池 癸卯			官祿宮 天同 文曲 陀羅 庚戌
財帛宮 天機 太陰 左輔化科 天馬 壬寅	疾厄宮 天府 癸丑	遷移宮 太陽 右弼 擎羊 台輔 壬子	僕役宮 武曲化忌 破軍 祿存 天喜 臨官 天姚 辛亥

第十二章　觀命、解命之總論

前面講了許多觀命和解命的方法，總而言之，看命、算命第一步，也就是首要法則，就是看財有沒有？最先去『命、財、官』中找財。找不到，再去『夫、遷、福』中去找。再找不到，才去『兄、疾、田』、『父、子、僕』等宮位找。找到財以後，看看是否完好，還是刑剋無財。

有的人，財一下子找到了，就在『命、財、官』中，而且豐滿無缺。算命的也常說：命太好了！沒什麼好算的。也就是說這個人財祿很豐盛、刑剋又少，又無傷災，病災，一生順利，人緣圓通，六親還和諧均稱，運勢起伏也不大，一生也不會有什麼大事發生，比起那些刑剋多的人，尤其是刑剋財太過的人來說，真是天壤之別。這種太平順的運程的人，通常也是按部就班，一板一眼過日子的人，同時也可說是生活乏味的人。命太好，算命師一直說你好，好像是歌功頌德似的，聽起來有點肉麻，所以算命師說：沒什麼好算的！也因此，算命師傅覺得好算的命，可大書特書的命，反而是那些刑剋多的命了。

其實真正喜歡聽自己命好的人，是那些命中少財、缺財的人。因為聽到算命師說自己好命，也就可以放下糾結的心來期待好運了。

看姻緣，看得是財

許多女孩子喜歡談愛情、看桃花、看姻緣，看交不交得到男朋友，結不結得了婚，其實都是在看財的多寡，財的位置，和財的時間。一個人命中無財，夫妻宮無財、遷移宮無財、福德宮無財的人，就是備了空乏的感情世界。所以愛情小說上的故事再美好，只是聊以慰藉，是很難進入你的真實人生的。所以命中財少的人，你要是結得成婚，真是要恭喜你、祝福你了。

有些人會有疑問，既然愛情、姻緣也是看財，那麼有許多女強人本身已很有錢了，為什麼結不成婚呢？這就是她們的財聚集在少數幾個宮位，主要的夫妻宮中無財，或有煞星相剋。還有一種狀況，就是在她命盤中某一宮位的煞星太強了，直接刑剋到她的夫妻宮所致。

我曾經算過一位女子的命，她是天梁化權坐命巳宮的人，夫妻宮有天機化祿、巨門、祿存。夫妻宮有『雙祿』格局，應該有很美好的婚姻了。但是他的財帛宮是太陽、太陰化忌，是『刑財』的格局，又有紫相、擎羊是『刑印』的格局在辰宮，父母宮是七殺、火星。

這是一位長得很漂亮的女子，又具有賢淑的風貌，十分乖巧，下班就待在家中，很少外出。四十歲了，還未結婚，父母很急，母親帶著她來算命，因為其母親看了很多命理書，所以她認為夫妻宮有天機、巨門就是不利於婚姻的，但是這位女兒的夫妻宮中還有『雙祿』格局啊！到底是怎麼解釋呢？

其實這真是旁觀者清了！我們一眼就可看出這位女子的問題在那裡了。夫妻宮有機巨並不見得好，其代表的意義是她的內心是喜歡聰明、口才好、有高學歷，比她知識高的人。況且她的夫妻宮還有天機化祿和祿存，這個意義又多一層了。表示她的內心是保守的，又喜歡特別聰明、機智、滑溜、口才好，有幽默感的異性做配偶。但是其父親是軍法官，所以父母也希望她能嫁軍法官，介紹了許多未婚或離過婚的軍法官給她認識，她都不喜歡，因為那些人很刻板無趣嘛！。我們可以看到她的父母宮是七殺、火星，表示她覺得父母很凶，脾氣壞。而她本身是溫和命格的人，天梁在巳宮是居陷帶化權，化權無用，只有頑固而已，而且她的命格就是得不到長輩的照顧的那一種命格。再加上她有紫相羊『刑印』的格局，也沒有力量自己當家做主自己的婚姻。也曾有其他行業的男士來追求她，而父母堅持那些人不可靠，只有做軍法官的人才正派和生活有保障。顯而易見的，她和父母之間無法溝通，於是只有消極抵抗，磋跎了婚姻。這就是父母剋她，也剋住了她的姻緣，其實她只要堅持一點，就能掌握自己的幸福。這就需要運程、流運來助力了。在流運好一點時，凶悍一點時，她就能掙脫控制，找到自己的春天了。不過在巳年走天梁陷落化權的流年運時，她還是會用老辦法來消極的抵抗，錯失美好的婚姻之路。

看六親緣份主要看的還是財

前面說看婚姻看的是財，事實上看六親緣份，包括看子女運、父母運、兄弟運、朋友運，都是要看財的多寡、有無。財是桃花，財也是緣份。財更是和諧圓融的基礎。沒有財的六親關係就像嚼之無味的口香糖一般，還有黏性，但已食之無味了。這樣的家庭和人際關係實已名存實亡，很容易成為生活在一個屋簷下的陌生人，彼此沒有瓜葛，也沒有關心。

看生命的長短、健康的狀況，看其人的聰明、才智其實都要看財。有財才是最好、命長、強狀的，聰明靈巧的人。

我們單就看人命盤中的財，就可看完人的一生了。所以在人命中財多不多，有沒有財，就是主要算命的架構了。

接下來我們看『運』、看『印』、看『福』，其實就是在找出能解命的方法來。解命有兩個關鍵，一個是解釋命理的部份，一個是解決命理的部份。因為在觀命時我們已對命理多做分析理解了，所以在解命的過程中就會偏向於解決命理的疑難雜症的部份了。

有時候我們在看運、看印、看福的過程中，反而找出一大堆『刑運』、『刑印』、『刑福』的格局出來，這時候你也會發覺到其人的身宮所代表內心世界的價值觀，也正好和其人原本的能力、想法有所衝突。有這樣的命理情況時，自然是非常勞碌的了。

這裡所稱的勞碌有兩種不一樣的型式，有一種是身體很勞碌，有一種是心裡很勞碌。有的人金錢不順、運不順時，不一定會勞碌身體去拼命賺錢，或亂闖機會，他們只是坐著想、空想。心裡很勞碌。另一種人是起而行的去拼命，想打破樊籠，這是身體的勞碌。

有時候坐著空想的人也不一定心裡勞碌、他們其中甚至有的人，很會享福、懶惰，把問題丟給旁邊的人去想去勞碌。這就是本命和夫妻宮都無財、無運的人會做的事了。

每個人都常會有勞碌的感覺，當人在感覺辛苦，做很累的時候，或怎麼做也不順的時候，就是勞碌、無財的特質了。大凡在人的運程中，『殺、破、狼』的運程很勞碌，太陽、太陰的運程都很勞碌。天府的運程很勞碌、天相的運程也很勞碌（天相注重衣食的享受，表面上很穩定，但愛多管閒事，故勞碌。）廉貞、武曲、天梁的運程也很勞碌，羊、陀、火、鈴、化忌的運程更不用說了更是勞碌。所以人的一生是各種不同的勞碌所組成的。但是如何舒解勞碌，減少無用的勞碌就是人生重大課題了。

現在提供大家一個觀點：勞碌未必就是好的，享福也不一定不好。事實上每個人都是愛享福的，只是層面不一樣。我們看『殺、破、狼』命格的人似乎最勞碌，但是『殺、破、狼』命格的人也是最愛享福的人。我們看破軍坐命的人，福德宮都有一顆天府星，愛享的福是物質生活的享受。貪狼坐命的人之福德宮都有一顆天相星，愛享的福是衣食之歡。七殺坐命的人的福德宮和別人不一樣，有紫微、廉貞、武曲各種星曜出現，代表喜愛享的福不同。但總脫離不了喜愛政治色彩、掌握權力、財富的福氣。所以囉！每個人喜愛享的福層面不一樣，就會造就不同的人生。你愛享屬於你喜歡的這種福氣，一直浸沈下去，一直往目標靠近，最後你就是這個福緣世界的人了。

什麼人會影響家運
什麼人會改善家運

近來新聞媒體上常報導殺父弒母和丟棄子女的新聞使人怵目心驚，所以我想談談這個會影響家運和改善家運的問題。

近來經濟不景氣，社會一片亂象，每日殺人的新聞無數，再加上車禍頻仍，每日死亡的人也無數，真應了那句：那一天不死人的話了！從命理學的觀點來看，會造成如此亂象的結果，就是『命裡無財』的人太多了。這些人稍一遇到經濟的問題、人緣關係的問題、是非糾纏的問題。災禍的問題，便無法承受，紛紛露出最猙獰恐怖的人性和最稚弱沒有保障能力的靈魂出來了。這些狀況也大致可說為『爭財』的結果。

到底什麼人會影響家運呢？當然是命中財少和無財的人最會影響家運了。可是有許多父母還繼續生產這種命中財少、無財的小孩，來作繭自縛。很多人不信命，總是發生了事情才來算命，算命師也只能告訴你結果，有些問題是根本幫不上忙的。

例如一位經常遭受精神病兒子打傷的母親要求改運，怎麼改呢？已經是如此了嘛！只有想辦法幫他治療，送他去精神病院。但是這位母親說沒錢。旁邊陪她一起來的人說，醫院一個月要兩萬多元，她捨不得。可見這位母親雖然表面有錢，但捨不得花，也是命裡刑財、無財的人。財少的人，頭腦想不開，死守著錢。也不想想有一天被打死了，自己還能不能保住自己的財？

命中有財的人，不但會拼命去賺錢來支付醫藥費，也會圓通的處理事情，不會落於挨打的局面。知識水準比較高，頭腦也會較清楚。

我常告訴周圍的朋友和學生，以及自己的小孩，倘若你不小心翼翼，兢兢業業的過日子，報應有一天就會來到。倘若你不好好的照顧、教育小孩，將來讓你痛心的就是他了！對小孩好的照顧便是替小孩從頭做起，從出生做起，要給他一個好的出生環境再生他出來。這倒不是叫你一定要選時辰剖腹生產。剖腹生產只是沒有辦法了再想辦法來改善。實際上你只要選自己感覺快樂、幸福的時候再懷孕，心情愉快的時候生產，絕對會生出命格好，有財祿，甚至主貴的小孩。這樣，你不但對得起社會，也對得起自己了。

至於那些生出先天帶疾病，帶傷殘的小孩，以及生出凶惡之徒、窮困命格的小孩的父母，就是生活不用心，草菅人命，對不起自己，也製造社會問題的人了。人的運氣不好時，最容易生到沒財的小孩。人的運氣不好，包括你沒錢很窮困，心情很壞的時候，也包括家裡逢喪事、遇到災禍的時候，有的小孩在父母失業的時候誕生，都會無財。

有時候在研究命理的時候也會發現到：不是一家人不進一家門。一家人的命理格局都差不多，有的會全在同一個命盤格式上，有的家庭成員更是相同的命格。因此有些窮人的家庭中，一家人全是財少、無財的命格，這真是家運很難翻身了。

有時候父母經濟拮据，家運不順，或父母要離婚之際卻生出廉破坐命或天相陷落坐命的小孩。雖然這些小孩也會有他異途的人生，或是大起大落的人生，但是一出生便會面臨一個財少，不算溫暖的世界，這是非常辛苦的。而且他們也不會得到太好的照顧。

所以天下的父母都要警覺一件事，當你懷孕生小孩，在製造一個人類的時候，是何等偉大重要的工程。你一定要用腦子想清楚，替小孩算清楚當前的狀況是否是他該來的世界，否則萬一運氣真的不好，生出有病、殘障的小孩、性格惡質的小孩，就是讓自己勞碌也無法挽回的傷痛。就是害人害己了。

由前面的敘述，大家就會有一個概念了，生出無財的小孩就是影響家運的小孩。生出有財、財多的小孩，就是能改善家運的小孩了。

在蛇年初有一位女士來找我，告訴我：她曾經生了一個有唇額裂的小女孩，非常難帶。家中又希望她生個兒子，剛好她在書店看到我的書，在『如何選出喜用神』的尾頁中有公佈辰年生產的好生辰，所以她就買了這本書，選了一個好時辰生了一個男嬰。她非常興奮的告訴我這個嬰孩的狀況。這個男嬰是武曲化權坐命的人，非常乖巧，生活有規律，雖然只是幾個月大，但是可以看得出是有點頑固、有主見的人。自從這個男孩出生後，家中笑聲不斷，爺爺奶奶也很高興，家中一反以前那樣愁雲慘霧的氣氛了。她現在覺得非常幸福。我問她：家中的經濟狀況有改善嗎？她說：現在她先生工作很順利、穩定，也賣力，家用也夠用了。不像以前，她先生常換工作，收入不穩定，生活很苦的樣子。現在她的先生一下班就回家抱兒子，非常滿足。

我告訴她，會愈來愈好，小孩的自制力和奮鬥力很強，會自己管好自己，不讓父母操心，也不會變壞，而且會幫忙她照顧有病的姐姐。脾氣頑固一點就順著他一點，他自己會有分寸來調節的。命中有財的人，敏感力是很好的，一定能清楚的分辨是非黑白出來。

武曲坐命的人就是改善家運的一種命格的人，他們多半出身在不是太富裕的家庭中，例如郝柏村先生就是武曲化祿坐命的人，幼年出生在蘇北家中很窮困。但是可以白手起家，創造財富。因為他的遷移宮是好運星貪狼。所以在他周圍的環境中是充滿了機會、機運和能得財的機緣的。並且他的外緣好，也會和人分享他的財。

能看到這位女士頭腦清楚的認清了自己的責任，不但改變了家運，也創造了自己的幸福，真是為她高興，也為她祝福。

算命智慧王

法雲居士⊙著

《算命智慧王》一書的內容主要是將算命此行業的業務內容做一規範作用，好讓銷費者與卜命業者共同有一可遵循的模式，由此便能減少紛爭。世界上愛算命的人口多，但只喜歡聽對自己有利之事，也只喜歡聽論命者說自己是富貴命，常有命相師會投其所好而斷之，等到事情沒有應驗而又怨之。此書讓大家了解算命該怎麼算？去問問題該問些什麼？究竟命理師該告訴你些什麼呢？如果算命結果不如你願時還要不要再繼續找人算呢？有關算命的問題都在這本書中會找到答案。

暴發智慧王

法雲居士⊙著

大家都希望自己很聰明，大家也都希望自己有暴發運。實際上，有暴發運的人在暴發錢財的時間點上，也真正擁有了超高的智慧，是常人所不及的。

這本『暴發智慧王』，就是在分析暴發運創造了那些成功人士？暴發運如何創造財富？如何在關鍵點扭轉乾坤？

人可能光有暴發運而沒有智慧嗎？

如何才能做一個真正的『暴發智慧王』？

法雲老師用簡單明確、真實的案例詳細解釋給你聽！

紫微斗數全書詳析

上、中、下冊、批命篇

法雲居士⊙著

『紫微斗數全書』是學習紫微斗數者必先熟讀的一本書，但是這本書經過歷代人士的添補、解說或後人在翻印植字有誤，很多文義已有模糊不清的問題。

法雲居士為方便後學者在學習上減低困難度，特將『紫微斗數全書』中的文章譯出，並詳加解釋，更正錯字，並分析命理格局的形成，和解釋命理格局的典故，使您一目瞭然，更能心領神會，共一套四冊書。

這是進入紫微世界的工具書，同時也是一把打開斗數命理的金鑰匙。

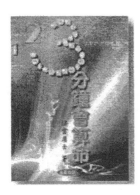

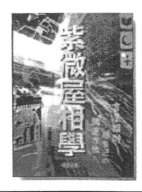

紫微格局看理財

法雲居士⊙著

『理財』就是管理錢財，必需愈管愈多！因此，理財就是賺錢！每個人出生到這世界上來，就是來賺錢的，也是來玩藏寶遊戲的。每個人都有一張藏寶圖，那就是您的紫微命盤！一生的財祿福壽全在裡面了。同時，這也是您的人生軌跡。玩不好藏寶遊戲的人，也就是不瞭解自己人生價值的人，是會出局，白來這個世界一趟的。因此您必須全神貫注的來玩這場尋寶遊戲。『紫微格局看理財』是法雲居士用精湛的命理推算方式，引領您去尋找自己的寶藏，找到自己的財路。並且也教您一些技法去改變人生，使自己更會賺錢理財！

使你升官發財的『陽梁昌祿』格

法雲居士⊙著

在中國命理學中，『陽梁昌祿』格是讀書人最嚮往的傳臚第一名榮登金榜的最佳運氣了。從古至今，『陽梁昌祿』格不但讓許多善於讀書的人得到地位、高官、大權在握，位極人臣。現今當前的世紀中也有許多大老闆大企業家、大企業之總裁全都是具有『陽梁昌祿』格的人，因此要說『陽梁昌祿』格會使人升官發財是一點也不假的事實了。但是光有『陽梁昌祿』格卻錯過大好機會而不愛唸書的人也大有其人！要如何利用此種旺運來達到人生增高的成就，這也是一門學問值得好好研究的了。聽法雲居士為你解說『陽梁昌祿』格的旺運成就方法，同時也檢驗自己的『陽梁昌祿』格有無破格或格局完美度，以便幫自己早早立下人生成大功立大業的壯志。

你一輩子有多少財

法雲居士⊙著

這是一本教您如何得知『命中財富』，
來企劃自己命運的書！

有人含金鑰匙出生，

有人終身平淡無奇，

老天爺真的是那麼不公平嗎？

您的命理有多少財？

讓這本書來告訴您！

三分鐘算出紫微斗數

法雲居士⊙著

這是一本教您在極短的時間內，
就能快速學到排出紫微斗數的方法，
並且告訴您命盤中的含意。

很想學『紫微斗數』嗎？
您怕學不好『紫微斗數』嗎？
這本書將喚起您深藏已久的自信心，
為規劃人生跨出基本的第一步！

賺錢智慧王

法雲居士⊙著

偏財運會創造人生的奇蹟，人人都會賺錢，每個人求財的方法都不一樣，但是有的人會生財致富，有的人會愈做愈窮，到底有什麼竅門才是輕鬆致富的好撇步呢？這本『賺錢智慧王』便是以斗數精華，向你解盤的最佳賺錢智慧了。
有人說：什麼人賺什麼錢！這可不一定！只要你得知賺錢的秘笈，也一樣能輕鬆增加財富，了解個人股票、期貨操作、殺進殺出的好時機、賺錢風水的擺置、房地產增多的訣竅、以及偏財運增旺的法寶、薪水族以少積多的生財法。『賺錢智慧王』教你輕鬆獲得成功與財富。

如何用偏財運來理財致富

法雲居士⊙著

偏財運會創造人生的奇蹟，

偏財運也會為人生帶來財富，

但『暴起暴落』始終是人生中的夢魘。

如何讓暴發的財富永遠留在你的身邊，

如何用一次接一次的偏財運增高
你的人生格局？

這本『如何用偏財運來理財致富』
就明確的提供了

發財的方法和用偏財運來理財致富
的訣竅，讓你永不後悔，
痛快的過你的人生！

權·祿·科

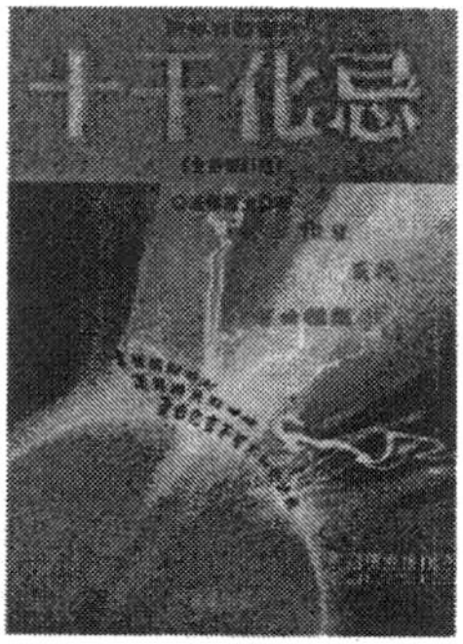

十干化忌